Python으로 배우는

데이터 과학 기초

최정인 · 구은희 · 박미현 지음

Fundamentals of Data Science with Python

도서출판 홍릉

저자소개

최정인 junginchoi@changwon.ac.kr

이화여자대학교 컴퓨터공학과 공학박사
부산대학교 소프트웨어교육센터 초빙교수
아주대학교 인공지능융합학과 강의전담
서울대학교 기초교육원 강의조교수
現) 국립창원대학교 사림아너스학부 조교수

구은희 ehgoo@ajou.ac.kr

단국대학교 전자컴퓨터공학과 공학박사
서일대학교 정보통신과 강의전담
(주) 도넛시스템 LSI 책임연구원
(주) 이너트론 이동통신 연구소 수석연구원
現) 아주대학교 다산학부대학 부교수

박미현 mihyunpark@pusan.ac.kr

이화여자대학교 컴퓨터교육학 석사
부경대학교 교육공학 박사
(주) 장기신용은행 정보지원부
現) 부산대학교 소프트웨어융합교육원 초빙교수
저서 : [인문사회예체능계열 전공자를 위한] 컴퓨팅사고와 인공지능(부산대학교출판문화원), 알면 편리한 워드프로세서 파워업(부산대학교출판문화원) 외 다수.

Fundamentals of Data Science with Python

Python으로 배우는

데이터 과학 기초

인 쇄: 2025년 8월 11일 초판 1쇄
발 행: 2025년 8월 20일 초판 1쇄

저 자: 최정인 · 구은희 · 박미현
발행인: 송 준
발행처: 도서출판 홍릉
주 소: 01093 서울시 강북구 인수봉로 50길 10
등 록: 1976년 10월 21일 제5-66호

전 화: 02-999-2274~5, 903-7037
팩 스: 02-905-6729
e-mail : hongpub@hongpub.co.kr
http://www.hongpub.co.kr
ISBN : 979-11-5600-983-2
979-11-5600-982-5(set)

본 도서는 2025년도 과학기술 정보통신부 및 정보통신기획평가원의 'SW중심대학사업(국립창원대학교, 부산대학교, 아주대학교)' 지원을 받아 진행되었습니다. (2022-0-01077, 2023-0-00041, 2024-0-00020)

본 결과물의 내용을 전재할 수 없으며, 인용(재사용)할 때에는 반드시 과학 기술정보통신부와 정보통신기획평가원이 지원한 'SW중심대학'의 결과물이라는 출처를 밝혀야 합니다.

서문

데이터를 아는 사람에서, 데이터를 다루는 사람으로

여러분은 지금까지 데이터를 어떻게 바라보셨나요?

뉴스에서 '빅데이터', 'AI', '데이터 기반 의사결정'이라는 말은 들어봤지만, 나와는 조금 먼 이야기처럼 느껴지진 않으셨나요?

하지만 사실 우리는 이미 매일, 아주 자연스럽게 데이터를 사용하며 살고 있습니다. 아침에 일어나 스마트폰 알람을 끄는 순간부터, 유튜브에서 추천 영상을 보고, 길을 찾기 위해 내비게이션을 켜고, 온라인 쇼핑몰에서 마음에 들 만한 상품을 추천받는 순간까지 이 모든 것은 데이터를 기반으로 작동합니다.

더 나아가 병원에서는 환자의 건강 상태를 분석하고, 기업에서는 소비자의 행동을 예측하며, 국가에서는 정책을 수립하는 데까지 데이터를 활용합니다. 이렇게 데이터를 둘러싼 환경은 빠르게 변하고 있고, 앞으로는 누구나 데이터를 이해하고 다룰 수 있는 능력이 점점 더 중요해질 것입니다.

바로 이 지점에서, 이 책이 여러분의 여정을 함께하고자 합니다.

처음부터 함께 시작합니다

이 책은 프로그래밍을 처음 접하는 분들, 통계에 두려움을 느꼈던 분들, 그리고 전공과 상관없이 '데이터를 배우고 싶다'는 마음만 가지고 있는 분들을 위한 가장 친절한 데이터 과학 입문서입니다. 데이터 과학을 배우려는 분들이 가장 많이 겪는 어려움은 다음과 같습니다:

- "프로그래밍은 한 번도 해본 적 없어요."
- "수학을 잘 못해서 데이터 분석이 걱정돼요."
- "어디서부터 시작해야 할지 모르겠어요."

이 책은 바로 이런 분들을 위한 책입니다.

이 책에서는 쉬운 언어로 설명하고, 실생활 사례로 개념을 이해하며, 직접 실습을 통해 몸으로 익히는 방식으로 데이터 과학의 기초를 다져갑니다.

Python, 누구에게나 열려 있는 도구

데이터 과학을 배우는 데 가장 많이 쓰이는 도구가 바로 Python(파이썬) 입니다.

Python은 비교적 문법이 단순하고 직관적이기 때문에 프로그래밍을 처음 접하는 분들에게도 부담 없이 배울 수 있습니다.

이 책에서는 Python 설치부터 Google Colab이라는 무료 온라인 코딩 환경을 사용하는 방법까지 아주 기초적인 단계부터 함께 시작합니다. Colab에서는 프로그램을 따로 설치하지 않아도 웹 브라우저만 있으면 바로 코드를 실행해볼 수 있어, 누구나 쉽게 실습에 참여할 수 있습니다.

거북이를 움직여 그림을 그리는 간단한 실습부터 시작해, 점차 변수, 자료형, 조건문, 반복문, 함수와 모듈 같은 프로그래밍의 기본 개념을 익히게 됩니다. 이 과정을 통해 단순히 '문법을 외우는' 것이 아니라, '생각을 코드로 표현하는 방법'을 배워나가게 됩니다.

실생활과 연결된 진짜 데이터 분석

기초 프로그래밍 개념을 익힌 후에는 본격적으로 데이터를 다루는 기술을 배우게 됩니다. 먼저 리스트, 튜플, 딕셔너리, 집합 같은 다양한 데이터 구조를 배우며 데이터를 어떻게 저장하고 활용할 수 있는지 연습합니다. 그다음에는 Numpy를 통해 수치 데이터를 효율적으로 처리하고, Pandas를 통해 표 형식의 데이터를 불러오고 정리하며, 시각화 도구인 Matplotlib과 Seaborn을 통해 데이터의 흐름을 눈으로 확인하게 됩니다. 여기까지 배우고 나면 여러분은 이미 꽤 많은 것을 할 수 있게 됩니다. 예를 들어,

- 건강검진 데이터를 불러와 혈압과 BMI의 관계를 분석하거나,
- 뉴스 사이트에서 최신 기사를 자동으로 가져와 트렌드를 파악하거나,
- 다양한 형태의 데이터를 그래프로 시각화해보고 의미를 찾아보는 작업도 가능해집니다.

여기서 중요한 건, 모든 학습이 실생활과 연결되어 있다는 점입니다.

단순한 이론이 아니라, 지금 당장 사용할 수 있는 기술을 배우는 것이죠.

학습의 흐름: 두 권으로 나눈 여정

이 책은 학습자의 부담을 줄이고, 점진적으로 능력을 키워갈 수 있도록 총 두 권으로 구성되어 있습니다.

제1권: Python으로 배우는 데이터 과학 기초

Part 1. 데이터와 만나다

데이터가 세상을 어떻게 바꾸고 있는지, Python은 어떤 도구인지 이해합니다. Colab 사용법부터 변수, 자료형, 입력과 출력, 연산자까지 가장 기초적인 내용부터 시작합니다.

Part 2. 프로그래밍의 철학

조건문, 반복문, 함수, 모듈을 통해 프로그래밍 사고방식을 배웁니다. 단순히 문법을 배우는 것이 아니라, 문제를 효율적으로 해결하는 방법을 배웁니다.

Part 3. 데이터 구조

리스트와 튜플, 딕셔너리와 집합 같은 Python의 기본 자료구조를 배우고, 람다 함수나 리스트 컴프리헨션 같이 데이터를 다루는 다양한 기법도 익힙니다.

Part 4. 데이터 과학을 시작하다

Numpy를 활용해 수치 데이터를 다루고, Pandas로 데이터프레임을 탐색하고 집계하며, 다양한 그래프를 직접 그려보며 데이터 분석의 첫 단계를 경험합니다.

제2권: Python으로 배우는 데이터 과학 분석

Part 1. 데이터를 통해 세상을 열다

웹 스크래핑과 Open API를 이용해 실제 웹 데이터(예: 뉴스, 기상청, 환율 등)를 가져오는 법을 배웁니다. 정규표현식을 활용해 복잡한 텍스트 데이터를 깔끔하게 정리하는 기술도 익히게 됩니다.

Part 2. 통찰을 완성하다

이제는 단순히 데이터를 보는 것을 넘어서 관계를 해석하고 의미를 찾아내는 통계 분석을 배우게 됩니다. 상관관계, 회귀 분석, 정규분포, 가설 검정, ANOVA(분산분석)와 같은 분석 방법을 Python으로 직접 구현해보고, 시각화하여 결과를 해석하는 능력을 기릅니다.

이 책을 통해 여러분은...

1. 프로그래밍 없이 살던 사람에서, 직접 데이터를 다루는 사람으로

Python의 기본부터 실습을 통해 자연스럽게 익히게 됩니다.

2. 데이터를 '읽는' 사람에서, 데이터를 '분석하고 해석하는' 사람으로

Pandas, Matplotlib, Scipy 등 주요 라이브러리를 활용해 데이터를 실질적으로 분석합니다.

3. 세상을 수동적으로 바라보는 사람에서, 데이터를 통해 이해하고 설명하는 사람으로

건강, 뉴스, 사회, 경제 등 다양한 분야의 데이터를 직접 다루며 세상을 해석하는 눈을 갖게 됩니다.

데이터를 다룬다는 것은 단순히 컴퓨터 앞에 앉아 숫자를 처리하는 일이 아닙니다.

그 안에는 문제를 바라보는 사고방식, 삶을 해석하는 시각, 그리고 더 나은 결정을 내리는 능력이 담겨 있습니다.

이 책은 여러분이 그런 능력을 갖출 수 있도록 끝까지 함께할 것입니다. 처음부터 어렵지 않게, 그리고 실생활과 연결된 예제를 통해 실용적으로 배울 수 있도록 구성했습니다. 무엇보다, 여러분이 데이터와 친구가 될 수 있도록 돕는 것이 이 책의 가장 큰 목표입니다.

지금, 데이터를 통해 세상을 이해하는 여정을 시작해보세요.

여러분의 첫걸음에 이 책이 든든한 동반자가 되어드리겠습니다.

준비되셨나요? 함께 시작해봅시다.

차례

PART 1
데이터와 만나다

PART 2
프로그래밍의 철학

Python으로 배우는
데이터 과학 기초

Fundamentals of Data Science with Python

최정인 · 구은희 · 박미현 지음

PART 1

데이터와 만나다

HTTP://Python.org

데이터는 현대 사회의 원동력이다. 스마트폰으로 뉴스를 읽고, 온라인 쇼핑에서 상품을 검색하며, SNS에서 친구들과 소통하는 모든 과정에서 데이터가 생성된다. 기업들은 이러한 데이터를 활용하여 소비자의 관심사를 분석하고, 정부는 공공정책을 개선하며, 연구자들은 데이터를 기반으로 새로운 발견을 이루어낸다. 하지만 데이터가 많다고 무조건 가치가 있는 것은 아니다. 데이터를 어떻게 수집하고 해석하며 활용하느냐에 따라 그 가치가 달라진다.

데이터가 왜 중요한가?

오늘날 우리는 데이터 중심(Data-driven) 사회에 살고 있다. 과거에는 경험과 직관을 바탕으로 결정을 내리는 경우가 많았지만, 이제는 데이터를 분석하여 보다 정교하고 신뢰할 수 있는 의사결정을 할 수 있다. 데이터는 과거를 분석하고, 현재를 이해하며, 미래를 예측하는 데 중요한 역할을 한다.

예를 들어, 기업들은 소비자 데이터를 분석하여 고객의 관심사를 파악하고 맞춤형 광고를 제공한다. 금융 기관은 데이터를 활용해 부정 거래를 감지하고, 병원에서는 환자의 진료 기록을 분석하여 질병의 조기 진단을 가능하게 한다. 심지어 스포츠 팀조차 선수들의 경기 데이터를 분석하여 최적의 전략을 세운다.

뿐만 아니라, 데이터는 정책 결정과 사회적 변화에도 중요한 영향을 미친다. 정부는 교통량 데이터를 분석하여 도로를 최적화하고, 환경 데이터를 활용해 기후 변화 대응 전략을 수립한다. 데이터가 없다면, 이러한 정책들은 경험과 직관에만 의존해야 하며, 정확성과 신뢰성이 떨어질 수밖에 없다.

데이터가 중요하다는 사실은 2020년 코로나19 팬데믹에서도 드러났다. 각국 정부는 감염자의 이동 경로, 확진자 수 증가 추이, 백신 접종률 등의 데이터를 수집하고 분석하여 방역 정책을 결정했다. 데이터 분석으로 위험 지역을 예측하고, 의료 자원을 배분하며, 사회적 거리 두기의 효과를 검증할 수 있었다. 이처럼 데이터는 위기 상황에서도 중요한 역할을 한다.

빅데이터와 데이터 과학의 발전

과거에는 데이터를 저장하고 분석하는 것이 제한적이었지만, 빅데이터(Big Data)의 등장과 함께 데이터 과학의 중요성이 더욱 커졌다. 빅데이터란 기존의 방식으로는 처리하기 어려울 정도로 방대한 양의 데이터를 의미하며, 이는 단순히 많은 데이터를 저장하는 것을 넘어, 그 속에서 의미 있는 패턴과 통찰을 도출하는 것이 핵심이다.

빅데이터의 등장과 함께 머신러닝(Machine Learning)과 인공지능(AI, Artificial Intelligence)이 급

격히 발전했다. 과거에는 사람이 직접 데이터를 분석하고 패턴을 찾았지만, 이제는 AI가 대량의 데이터를 학습하여 자동으로 패턴을 찾아낼 수 있다. 머신러닝은 데이터를 기반으로 스스로 학습하는 알고리즘을 의미하며, 다양한 산업에서 활용되고 있다.

예를 들어, 자율주행 자동차는 머신러닝을 통해 도로 상황을 분석하고, 스스로 주행 경로를 결정한다. 챗봇과 음성 비서(AI Assistant)는 사용자의 질문을 이해하고, 자연스럽게 응답하는 기술을 학습한다. 추천 시스템은 소비자의 과거 구매 기록을 바탕으로 맞춤형 상품을 추천한다. 이처럼 빅데이터와 인공지능 기술이 발전하면서 데이터의 활용 가능성은 더욱 넓어졌고, 데이터 과학의 중요성도 커지고 있다.

데이터 과학이란 무엇인가? 그리고 왜 배워야 하는가?

데이터 과학(Data Science)은 데이터를 효과적으로 분석하고, 유용한 통찰을 도출하며, 이를 기반으로 의사결정을 지원하는 학문이다. 이는 컴퓨터 과학, 통계학, 수학, 그리고 여러 응용 분야가 융합된 영역으로, 다양한 산업과 연구 분야에서 핵심적인 역할을 한다.

데이터 과학이 중요한 이유는, 단순한 정보 수집이 아니라, 데이터에서 의미 있는 패턴을 발견하고 문제 해결에 활용할 수 있기 때문이다. 데이터를 해석하는 능력은 다양한 분야에서 필수적인 역량이 되었다. 기업에서는 데이터 과학을 활용하여 매출을 극대화하고, 연구자들은 데이터를 분석하여 새로운 과학적 발견을 이루며, 의료 분야에서는 환자의 건강 상태를 예측하고 맞춤형 치료법을 개발한다. 과거에는 데이터 분석이 일부 전문가들의 영역이었지만, 이제는 비전공자도 데이터를 다룰 수 있는 역량을 갖추는 것이 중요하다. 데이터 과학을 학문적으로 이해하는 것뿐만 아니라, 실제 데이터를 다루고 분석하는 방법을 익혀야 한다. 데이터 과학을 배우면 데이터를 기반으로 논리적 사고와 문제 해결 능력을 키울 수 있고 프로그래밍을 활용하여 데이터 수집, 처리, 분석할 수 있는 실무 능력을 기를 수 있다. 나아가 데이터를 기반으로 객관적인 판단을 통해 의사결정 능력을 강화할 수 있다.

데이터를 배우는 것은 세상을 읽는 힘을 기르는 일이다

데이터를 다룬다는 것은 단순한 숫자와 정보를 처리하는 것이 아니라, 문제를 해결하고 세상을 바라보는 새로운 관점을 가지는 것이다. 데이터를 이해하고 활용하는 능력은 개인의 성장뿐만 아니라, 사회와 산업의 발전에도 중요한 영향을 미친다. 이제는 데이터를 소비하는 시대를 넘어, 데이터를 분석하고 활용하는 능력이 경쟁력이 되는 시대다. 데이터를 다룰 줄 아는 사람은 더 나은 선택을 할 수 있으며, 데이터를 통해 미래를 예측하고 혁신을 이끌어 갈 수 있다. 데이터는 단순한 기술이 아니라, 다양한 분야에서 창의적인 사고와 결합될 수 있는 도구이며, 이를 통해 우리는 더 나은 선택을 하고 새로운 가치를 창출할 수 있다.

CHAPTER

01 데이터, 세상을 움직이다

데이터는 단순한 숫자와 기록이 아니다. 데이터는 보이지 않는 힘으로 세상을 움직이며, 우리가 살아가는 세상의 흐름을 읽고 미래를 예측하며 더 나은 결정을 내릴 수 있도록 돕는 중요한 자원이다. 스마트폰에서 길을 찾고, 온라인에서 상품을 추천받으며, 병원에서 맞춤형 치료를 받는 모든 과정은 데이터가 분석되고 활용되는 대표적인 사례다.

우리가 스마트폰을 사용할 때, 온라인에서 물건을 구매할 때, 길을 찾을 때, 심지어 병원을 방문할 때조차도 데이터는 끊임없이 생성되고 분석된다. 기업은 데이터를 활용해 소비자의 행동을 예측하고, 정부는 데이터를 바탕으로 정책을 수립하며, 과학자들은 방대한 데이터를 분석해 새로운 발견을 이루어낸다. 데이터는 단순한 숫자의 나열이 아니라, 세상의 흐름을 읽고 미래를 준비하는 핵심 도구다.

과거에는 전문가들만이 데이터를 다루었지만, 이제는 누구나 데이터를 기반으로 사고하고 활용할 수 있는 능력이 필요하다. 데이터는 정보의 집합을 넘어, 혁신을 이끄는 원동력이 되고 있다. 우리가 살아가는 사회가 어떻게 작동하는지 이해하고, 더 나은 결정을 내리기 위해서는 데이터를 해석하고 활용하는 능력이 필수적이다. 데이터를 이해하고 다룰 줄 아는 사람은 세상을 더 깊이 이해하고, 변화하는 환경 속에서 유리한 위치를 차지할 수 있다.

1 데이터가 왜 중요한가?

데이터는 우리가 살아가는 세상의 기본적인 요소가 되었다. 단순한 정보의 축적을 넘어, 데이터를 어떻게 활용하느냐에 따라 개인의 일상부터 산업 전반에 이르기까지 엄청난 변화를 만들어낸다. 과거에는 경험과 직관을 바탕으로 의사결정을 내리는 경우가 많았지만, 이제는 데이터를 분석하여 보다 정확하고 효율적인 판단을 내릴 수 있다. 데이터는 단순한 기록이 아니라, 과거를 분석하고 현재를 이해하며 미래를 예측하는 강력한 도구다.

1.1 데이터가 만드는 변화

데이터는 우리가 생각하는 것보다 훨씬 더 많은 분야에서 중요한 역할을 하고 있다.

① **기업과 마케팅** : 기업들은 고객의 소비 패턴을 분석하여 맞춤형 광고를 제공한다. 예를 들어, 온라인 쇼핑몰에서 특정 상품을 검색하면 이후 비슷한 제품이 추천되는 것은 데이터 분석의 결과다. 기업들은 소비자의 행동 데이터를 분석하여 보다 효과적인 마케팅 전략을 수립하고, 매출을 극대화할 수 있다.

② **금융과 경제** : 금융기관은 대출 신청자의 신용 데이터를 평가하여 대출 승인 여부를 결정한다. 또한, 데이터 분석을 통해 주식 시장의 변동성을 예측하고, 부정 거래나 금융 사기를 탐지하는 시스템을 개발할 수 있다.

③ **의료와 건강 관리** : 병원에서는 환자의 건강 데이터를 분석하여 질병을 조기에 발견하고, 맞춤형 치료 계획을 수립한다. 특히, 유전자 데이터를 활용한 정밀 의학(Precision Medicine)은 개인 맞춤형 치료법을 제공하는 중요한 연구 분야로 떠오르고 있다.

④ **도시와 교통** : 스마트 시티(Smart City)에서는 교통량 데이터를 분석하여 실시간 교통 신호를 조정하고, 대중교통의 효율성을 높이는 등의 혁신이 이루어지고 있다. 또한, 내비게이션 시스템은 도로 상황 데이터를 분석하여 최적의 경로를 추천한다.

⑤ **환경과 기후 변화** : 기후 데이터를 분석하여 자연재해를 예측하고, 이상 기후 패턴을 감지할 수 있다. 예를 들어, 해양 데이터를 활용하여 태풍의 이동 경로를 예측하거나, 기온 변화 데이터를 분석하여 온난화의 영향을 평가하는 것이 가능하다.

이처럼 데이터는 단순한 정보가 아니라, 세상의 변화를 읽고 보다 나은 해결책을 찾는 데 필수적인 역할을 하고 있다.

1.2 코로나19와 데이터의 역할

최근 코로나19 팬데믹은 데이터가 얼마나 중요한 역할을 할 수 있는지를 보여준 대표적인 사례다. 전 세계의 정부와 의료 기관들은 데이터를 기반으로 감염 확산을 예측하고 대응책을 마련했다.

① **확진자 데이터 분석** : 감염자의 이동 경로를 추적하고, 감염 경로를 분석하여 지역별 위험도를 평가했다.

② **백신 개발과 효율적 배포** : 임상 실험 데이터를 활용해 백신의 효과를 분석하고, 백신 접종 우선순위를 결정했다.

③ **사회적 거리 두기 효과 평가** : 사람들이 이동하는 데이터를 분석하여 거리 두기 정책의 효과를 검토하고 조정했다.

만약 데이터가 없었다면, 이러한 대응은 훨씬 더 어려웠을 것이다. 데이터를 기반으로 의사결정을 내릴 수 있었기 때문에 팬데믹 대응이 보다 과학적이고 체계적으로 이루어질 수 있었다.

1.3 데이터 기반 사회에서 살아가기 위한 필수 역량

데이터가 중요한 이유는 단순히 기업이나 정부에서 활용하기 때문이 아니다. 데이터는 우리 각자의 삶에도 큰 영향을 미친다.

우리는 뉴스에서 제공하는 통계 데이터를 해석할 수 있어야 한다. 단순히 "어떤 연구 결과에서 암 발생률이 증가했다"라는 기사만 보는 것이 아니라, 그 데이터가 어떻게 수집되었으며 얼마나 신뢰할 수 있는지 판단하는 능력이 필요하다.

소비자로서 데이터 기반의 합리적 의사결정을 할 수 있어야 한다. 단순히 광고를 보고 제품을 구매하는 것이 아니라, 상품 리뷰 데이터, 가격 변동 데이터 등을 비교 분석할 수 있는 능력이 있다면 보다 현명한 선택을 할 수 있다.

직장에서든 학문 분야에서든, 데이터를 분석하고 활용할 수 있는 능력은 점점 더 중요해지고 있다. 데이터를 해석하고 활용하는 역량은 이제 필수적인 경쟁력이 되고 있다.

오늘날 우리는 데이터를 단순한 기술적 개념이 아니라, 사회를 이해하고 미래를 준비하는 중요한 도구로 바라봐야 한다. 데이터를 제대로 이해하고 활용할 줄 아는 사람만이 변화하는 시대 속에서 주도적인 역할을 할 수 있다.

2 데이터 과학 개요

데이터 과학(Data Science)은 방대한 데이터를 수집하고, 분석하며, 이를 통해 유용한 패턴을 발견하고 인사이트를 도출하는 학문이다. 데이터 과학은 단순한 통계 분석을 넘어, 프로그래밍, 수학, 통계학, 머신러닝, 시각화 기술 등을 결합하여 문제를 해결하는 데 활용된다.

오늘날 데이터는 넘쳐나지만, 단순히 많은 데이터를 보유한다고 해서 가치가 생기는 것은 아니다. 데이터를 효과적으로 분석하고, 의미 있는 정보를 추출하며, 이를 의사결정에 활용하는 것이 데이터 과학의 핵심 목표다. 데이터 과학은 기업 경영, 의료, 금융, 환경, 공공 정책 등 다양한 분야에서 활용되며, 데이터 기반 사회에서 필수적인 역량으로 자리 잡았다.

2.1 데이터 과학의 핵심 과정

데이터 과학의 기본적인 흐름은 데이터 수집 → 데이터 처리 및 정제 → 데이터 분석 및 모델링 → 결과 해석 및 활용의 과정을 따른다.

① 데이터 수집

다양한 형태의 데이터를 모으는 과정이다. 데이터는 센서, 웹사이트, 소셜 미디어, 데이터베이스, 정부 기관 등의 다양한 출처에서 수집된다. 예를 들어 온라인 쇼핑몰에서 고객의 구매 이력, 소셜 미디어에서 사용자 반응 데이터, 금융 거래 데이터 등이 있다.

② 데이터 처리 및 정제

수집한 데이터는 보통 불완전하거나 오류가 포함되어 있다. 이를 분석하기 적합한 형태로 변환하는 과정이 필요하다. 데이터에서 결측치(missing values)를 보완하거나, 이상치를 제거하고, 불필요한 정보를 정리하는 과정이 포함된다. 예를 들어 고객 설문 데이터에서 응답이 누락된 항목을 처리하거나, 잘못 입력된 값을 수정하는 과정이다.

③ 데이터 분석 및 모델링

정제된 데이터를 바탕으로 유용한 패턴을 찾고, 예측 모델을 개발하는 단계다. 여기에는 통계 분석, 머신러닝, 인공지능(AI) 기술이 활용되며, 데이터를 통해 특정 현상을 설명하거나 예측할 수 있다. 예를 들어 소비자 행동을 분석하여 맞춤형 추천 시스템을 개발하거나, 질병 진단 모델을 구축하는 과정 데이터 분석 및 모델링에 포함된다.

④ 결과 해석 및 시각화

데이터 분석의 결과를 쉽게 이해할 수 있도록 그래프나 차트로 시각화하는 과정이다. 데이터의 패턴을 시각적으로 표현하면, 더 직관적으로 해석하고 의사결정에 반영할 수 있다. 예를 들어 코로나19 확진자의 증가 추이를 그래프로 표현하여 결과를 해석하고 이를 방역 정책 수립에 활용할 수 있다.

이 과정에서 중요한 것은, 단순히 데이터를 분석하는 것이 아니라, 데이터를 통해 의미 있는 결론을 도출하고 실제 문제 해결에 적용하는 것이다.

2.2 데이터 과학과 전통적인 분석 방법의 차이

데이터 과학이 발전하기 전에도 우리는 데이터를 분석해왔지만, 최근 몇 년간 데이터 과학이 더욱 중요해진 이유는 다음과 같다.

① 데이터의 양과 다양성 증가

과거에는 주로 소규모 데이터(설문 조사, 기업 기록 등)를 분석했다면, 이제는 인터넷, IoT(사물인터넷), 스마트 기기 등에서 방대한 양의 데이터(빅데이터)가 생성되고 있다. 예를 들어 하루에도 수십억 개의 소셜 미디어 게시글이 올라오고, 온라인 검색 데이터가 쌓이며, 자율주행 자동차가 매초 수천 개의 데이터를 처리한다.

② 머신러닝과 AI의 발전

기존의 데이터 분석은 사람이 직접 수식을 적용하여 분석하는 방식이 많았지만, 최근에는 머신러닝과 AI 기술을 활용하여 자동으로 패턴을 찾아내고 예측할 수 있는 모델을 개발하는 것이 가능해졌다. 인공지능 기술을 활용하며 넷플릭스와 같은 스트리밍 서비스에서 사용자의 시청 패턴을 분석해 자동으로 맞춤형 콘텐츠를 추천할 수 있다.

③ 데이터 분석 속도와 연산 능력 향상

과거에는 대량의 데이터를 처리하는 데 시간이 오래 걸렸지만, 클라우드 컴퓨팅과 고성능 컴퓨터의 발전으로 더 빠르고 정교한 분석이 가능해졌다. 이렇게 실시간 분석을 기반으로 날씨 예측 모델이 과거보다 더 정확해지고, AI가 실시간으로 금융 사기를 탐지할 수 있다.

이러한 변화로 인해 데이터 과학은 기업 경영, 금융, 의료, 공공정책, 교육 등 다양한 분야에서 필수적인 역할을 하게 되었다.

2.3 데이터 과학이 활용되는 분야

데이터 과학은 특정 산업에 국한되지 않고, 비즈니스, 의료, 금융, 스포츠, 공공 정책 등 다양한 분야에서 핵심적인 역할을 하고 있다. 데이터 분석을 통해 기업은 더 나은 의사결정을 내릴 수 있으며, 연구자들은 복잡한 문제를 해결하는 새로운 방식을 찾을 수 있다.

예를 들어, 비즈니스와 마케팅 분야에서는 소비자 데이터를 분석하여 맞춤형 광고를 제공하거나, 고객의 구매 패턴을 예측하여 최적의 마케팅 전략을 수립한다. 온라인 쇼핑몰에서 사용자가 관심을 가질 만한 상품을 추천해 주는 알고리즘도 데이터 과학을 기반으로 한다.

의료 및 헬스케어 분야에서도 데이터 과학의 역할은 점점 커지고 있다. 병원에서는 환자의 의료 데이터를 분석하여 질병을 조기에 발견하고, 맞춤형 치료 계획을 수립할 수 있다. 유전자 데이터를 활용한 정밀 의료(Precision Medicine) 역시 데이터 과학을 기반으로 발전하고 있으며, 의사가 환자의 유전적 특성을 분석하여 최적의 치료법을 제시하는 방식으로 활용된다.

금융 분야에서는 은행과 투자 기관이 데이터 분석을 활용하여 금융 사기를 탐지하고, 대출 신청자의 신용 점수를 평가하며, 주식 시장의 변동성을 예측한다. 주식 거래에서 자동화된 알고리즘 트레이딩(Algorithmic Trading) 시스템은 실시간으로 데이터를 분석하고 빠른 의사결정을 내리는 대표적인 사례다.

스포츠 산업에서도 데이터 과학은 중요한 역할을 한다. 프로 스포츠 팀은 선수들의 경기 기록과 훈련 데이터를 분석하여 최적의 전술을 수립하고, 부상을 예방하는 데 활용한다. 또한, 스포츠 팬들의 선호도를 분석하여 맞춤형 콘텐츠를 제공하는 방식으로도 활용된다.

공공 정책과 환경 문제 해결에서도 데이터 과학이 큰 역할을 하고 있다. 정부는 교통 데이터를 분석하여 도로 혼잡을 줄이고, 대중교통 운영을 최적화하며, 환경 데이터를 활용하여 기후 변화에 대응하는 정책을 수립할 수 있다. 예를 들어, 자연재해 발생 가능성을 예측하여 조기 경보 시스템을 구축하는 것 또한 데이터 과학의 대표적인 응용 사례다.

이처럼 데이터 과학은 현대 사회의 거의 모든 분야에서 활용되며, 효율성을 높이고, 혁신을 촉진하며, 새로운 가치를 창출하는 데 중요한 역할을 하고 있다.

2.4 데이터 과학을 배우면 무엇이 달라질까?

데이터 과학을 배우는 것은 단순히 프로그래밍 기술을 익히는 것이 아니다. 데이터를 활용할 줄 아는 능력은 문제를 해결하고, 비판적으로 사고하며, 합리적인 의사결정을 내리는 능력을 기르는 과정이다.

우리가 접하는 대부분의 정보는 데이터로 표현될 수 있으며, 이를 올바르게 해석하는 능력은 점점 더 중요해지고 있다. 데이터 과학을 배우면 데이터를 단순한 숫자의 나열이 아니라, 의미 있는 정보로 변환하는 과정을 이해할 수 있다. 예를 들어, 뉴스에서 발표하는 여론 조사나 경제 지표를 단순히 받아들이는 것이 아니라, 데이터의 신뢰성과 분석 방법을 평가할 수 있는 능력을 갖추게 된다.

또한, 데이터 과학을 통해 비판적 사고력을 키울 수 있다. 우리는 종종 데이터가 조작되거나 왜곡된 방식으로 사용되는 사례를 접한다. 통계 수치가 특정 관점을 강화하기 위해 선택적으로 인용되거나, 그래프가 의도적으로 확대·축소되어 특정한 결론을 유도하는 경우가 있다. 데이터를 분석하고 해석하는 능력을 갖춘다면, 이러한 정보 조작에 속지 않고 보다 객관적인 시각을 가질 수 있다.

실무적으로도 데이터 과학을 배우면 다양한 분야에서 유용하게 활용할 수 있다. 기업에서는 데이터를 기반으로 시장을 분석하고, 소비자의 행동 패턴을 예측하며, 제품 개발 및 판매 전략을 수립한다. 의료 분야에서는 데이터 분석을 통해 질병을 예측하고, 맞춤형 치료법을 개발하는 데 기여할 수 있다. 금융 및 경제 분야에서는 투자 전략을 최적화하고, 리스크를 분석하며, 사기 탐지 시스템을 구축하는 데 활용할 수 있다.

데이터 과학을 배운다는 것은 곧 세상을 해석하는 새로운 방식을 배우는 것이다. 우리는 데이터를 기반으로 보다 합리적인 결정을 내릴 수 있으며, 데이터를 활용하는 능력이 미래 사회에서 중요한 경쟁력이 될 것이다. 과거에는 데이터 분석이 일부 전문가들의 영역이었다면, 이제는 누구나 데이터를 다룰 수 있는 역량을 갖추는 것이 필수가 되고 있다.

결국, 데이터 과학은 단순한 기술이 아니라, 우리 삶과 사회를 이해하고, 변화하는 환경 속에서 주도적인 역할을 할 수 있도록 도와주는 핵심 도구가 된다.

3 팬데믹 대응에서의 데이터 분석

전 세계를 강타한 코로나19 팬데믹은 데이터가 위기 상황에서 얼마나 중요한 역할을 할 수 있는지를 보여준 대표적인 사례다. 과거에도 전염병 대응을 위해 다양한 형태의 데이터가 활용되었지만, 코로나19 시대에는 그 규모와 분석 방식이 획기적으로 발전했다. 정부, 의료기관, 연구소, 기업들은 실시간으로 데이터를 수집하고 분석하여 감염 확산을 예측하고, 의료 자원을 효율적으로 배분하며, 백신 개발을 가속화했다.

데이터 과학이 팬데믹 대응에 기여한 방식은 크게 세 가지로 나눌 수 있다. (1) 감염 확산 추적 및 예측, (2) 의료 자원 관리 및 최적화, (3) 백신 개발 및 접종 전략 수립이다.

3.1 감염 확산 추적 및 예측

팬데믹 상황에서 가장 중요한 것은 감염이 어디에서 시작되었고, 얼마나 빠르게 확산될 것인지 예측하는 것이다. 데이터 분석 기술은 감염병 확산을 추적하고, 새로운 발병 지역을 예측하며, 방역 조치의 효과를 평가하는 데 핵심적인 역할을 했다.

① 실시간 확진자 데이터 분석

각국 정부와 보건 당국은 확진자 수, 감염 경로, 사망률 등의 데이터를 실시간으로 수집하고 공개했다. 이러한 데이터는 코로나19 확산의 속도와 패턴을 이해하는 데 도움을 주었으며, 사회적 거리 두기나 이동 제한 정책의 효과를 평가하는 기준이 되었다. 존스 홉킨스 대학교 코로나19 대시보드는 전 세계 감염자 수와 확산 경로를 시각화하여, 각국이 신속하게 대응할 수 있도록 지원했다. 국가별 확진자 수, 이동 제한 효과 등을 분석하여 바이러스 확산 속도를 예측하는 모델이 개발되었다.

② 이동 데이터 분석을 통한 감염 경로 추적

스마트폰 위치 데이터와 교통 데이터를 활용하여 사람들이 이동하는 패턴을 분석함으로써 감염 가능성이 높은 지역을 예측할 수 있었다. 구글과 애플은 익명화된 위치 데이터를 분석하여 사람들이 얼마나 이동을 줄였는지, 사회적 거리 두기 조치가 효과적인지 측정하는 보고서를 제공했다. 도시별 대중교통 이용량을 분석하여, 감염 위험이 높은 지역을 사전에 파악하고 대책을 마련했다.

③ 전염병 확산 예측 모델

데이터 과학자들은 감염병 확산 모델을 개발하여 향후 몇 주 또는 몇 달 동안 확진자 수가 어떻게 증가할지를 예측했다. 기계 학습(머신러닝) 모델을 활용하여, 특정 지역의 인구 밀도와 확진자 수를 고려한 R0(감염 재생산지수)를 계산하고, 감염이 빠르게 확산될 가능성이 있는 지역을 예측했다. 이러한 예측 모델은 정부가 봉쇄 조치를 결정하거나 의료 시설을 미리 준비하는 데 도움을 주었다.

3.2 의료 자원 관리 및 최적화

팬데믹 초기에는 병원들이 감염자의 급격한 증가를 감당할 수 없었고, 의료 자원이 부족한 상황이 발생했다. 데이터 분석은 병상, 의료 장비, 의료진 배치 등을 최적화하는 데 중요한 역할을 했다.

① 병원 수용 능력 예측

데이터 과학자들은 환자 데이터를 기반으로 앞으로 몇 주 안에 얼마나 많은 중증 환자가 발생할지 예측하는 모델을 개발했다. 병원별 중환자실(ICU) 병상 사용률과 예상 환자 증가율을 분석하여, 특정 지역에 추가적인 의료 지원이 필요한지 판단하는 데 활용되었다.

② 의료 장비 및 치료제 배분 최적화

인공호흡기와 산소 공급기와 같은 필수 의료 장비의 수요를 예측하고, 이를 가장 필요한 병원으로 우선 배분할 수 있도록 도왔다. 미국과 유럽에서는 데이터 분석을 통해 환자 수 대비 의료 장비의 적절한 배분을 조정했다.

③ AI 기반 코로나 진단 및 치료 지원

인공지능(AI)을 활용한 영상 분석 기술이 발전하면서, 환자의 CT 스캔 이미지를 분석하여 코로나19 감염 여부를 신속하게 판단하는 기술이 개발되었다. AI 기반 챗봇이 개발되어, 경미한 증상을 보이는 환자들에게 자동으로 대응하며 병원 시스템의 부담을 줄였다.

3.3 백신 개발 및 접종 전략 수립

백신 개발은 일반적으로 오랜 시간이 걸리는 과정이지만, 데이터 과학을 활용함으로써 코로나19 백신은 역사상 가장 빠르게 개발되었다.

① 백신 후보 물질 선정 및 임상 실험 가속화

기존에는 백신 후보 물질을 하나씩 실험하는 방식이었지만, AI와 빅데이터 분석을 통해 효과적인 백신 후보 물질을 빠르게 선별할 수 있었다. 화이자, 모더나 등의 제약사는 AI를 활용하여 기존 바이러스 데이터를 분석하고, 최적의 백신 후보를 신속하게 찾아냈다.

② 백신 접종 우선순위 결정

백신이 처음 배포될 때는 충분한 양이 공급되지 않았기 때문에, 어떤 집단이 먼저 접종해야 하는지를 결정하는 것이 중요했다. 고령층, 기저질환자, 의료진이 가장 먼저 접종을 받아야 한다는 결론도 데이터 분석을 통해 도출되었다.

③ 백신 접종률 분석 및 접종 캠페인 전략

백신 접종률이 낮은 지역을 분석하고, 맞춤형 캠페인을 통해 백신 접종을 독려하는 전략이 사용되었다. 미국 CDC는 백신 접종률 데이터를 실시간으로 분석하여, 특정 지역에서 접종률이 낮으면 캠페인을 강화하는 방식으로 대응했다.

3.4 데이터가 위기 대응을 바꾼다.

코로나19 팬데믹은 데이터가 위기 상황에서 얼마나 중요한 역할을 할 수 있는지를 명확하게 보여준 사례다. 실시간 데이터 분석을 통해 감염 확산을 예측하고, 의료 자원을 최적화하며, 백신 개발 속도를 높이는 등 다양한 분야에서 데이터 과학이 활용되었다.

또한, 팬데믹은 데이터 기반 의사결정이 필수적임을 다시 한 번 확인시켜 주었다. 데이터가 없었다면 우리는 감염 확산을 막기 위한 효과적인 대책을 마련하는 데 훨씬 더 많은 시간과 비용을 들여야 했을 것이다.

미래에도 새로운 감염병이 출현할 가능성이 있으며, 데이터 과학은 이를 대비하는 가장 강력한 도구가 될 것이다. 앞으로는 AI와 머신러닝 기술이 더욱 발전하여, 팬데믹을 예측하고, 신속하게 대응할 수 있는 더욱 정교한 시스템이 구축될 것이다.

결국, 데이터 과학은 단순한 분석 기술이 아니라, 인류의 생명을 구하고 사회를 보호하는 중요한 도구로 자리 잡았다.

3.5 데이터로 보는 팬데믹의 흐름 : 확진자 추이 시각화 분석

데이터 분석은 단순히 숫자를 나열하는 것이 아니다. 데이터를 활용하면 단순한 수치를 넘어, 사회적 현상의 흐름을 읽고, 미래를 예측하며, 효과적인 의사결정을 내릴 수 있다. 팬데믹과 같은 위기 상황에서 데이터 분석은 특히 중요한 역할을 하며, 이를 통해 정부와 의료 기관은 적절한 대응 전략을 세울 수 있었다.

이 장에서는 코로나19 확진자 데이터를 활용하여 실제 데이터를 분석하고, 시각화하며, 간단한 예측 모델을 만드는 과정을 살펴본다. 물론, 지금은 Python을 모르는 상태이므로 코드를 이해하기 어렵겠지만, 이 책을 끝까지 학습하면 데이터를 다루고 분석하는 능력을 갖출 수 있다.

우선, 우리가 배우게 될 데이터 과학이 무엇을 할 수 있는지 간단한 예제를 통해 살펴보자. 지금은 코드 자체를 이해하기보다는, 데이터 분석이 어떤 방식으로 이루어지는지를 경험하는 것이 중요하다.

코로나19 팬데믹은 전 세계적으로 엄청난 영향을 미쳤으며, 이를 보다 깊이 이해하기 위해서는 실제 데이터를 분석하고 시각화하는 과정이 필수적이다. 단순히 "확진자가 증가하고 있다"는 정보만 보는 것이 아니라, 데이터를 직접 다루고 분석하면 더 깊이 있는 통찰을 얻을 수 있다. 이번 분석에서는 Our World in Data에서 제공하는 COVID-19 데이터셋을 활용하여 대륙별 확진자 증가 추이를 살펴본다.

① 1단계: 전 세계 국가별 확진자 데이터 수집

코로나19 확진자 데이터는 개별 국가별로 수집되고 있다. 이를 활용하여 어느 국가에서 확진자가 가장 많이 발생했는지를 파악하는 것이 분석의 첫 번째 단계이다. 데이터는 Our World in Data에서 제공하는 CSV 파일을 사용하며, 이를 pandas 라이브러리를 활용해 불러온다.

데이터를 불러온 후, 각 국가별 누적 확진자 수를 계산하고, 그중 확진자가 0보다 큰 국가만 남겨 정리한다. 이후, 확진자 수가 가장 많은 상위 10개 국가를 출력하여 데이터를 개괄적으로 이해할 수 있도록 한다. 이 과정을 통해 현재 분석할 데이터가 어떻게 구성되어 있는지를 파악하고, 본격적인 대륙별 분석을 위한 준비를 마친다.

```
import pandas as pd

url = "https://covid.ourworldindata.org/data/owid-covid-data.csv"
df = pd.read_csv(url)

# 국가별로 데이터가 정상적으로 포함된 국가 확인
df_valid_countries = df.groupby("location")["new_cases"].sum().reset_index()
df_valid_countries = df_valid_countries[df_valid_countries["new_cases"] > 0]

# 상위 10개 국가 출력 (확진자가 많은 국가를 기준으로 선택 가능)
df_valid_countries.sort_values(by="new_cases", ascending=False).head(10)
```

	location	new_cases
251	World	775935057.0
97	High-income countries	429044052.0
12	Asia	301564180.0
71	Europe	252916868.0
241	Upper-middle-income countries	251756125.0
72	European Union (27)	185822587.0
163	North America	124492698.0
239	United States	103436829.0
44	China	99373219.0
129	Lower-middle-income countries	92019711.0

이 코드를 실행하면, 실제 세계에서 사용되는 방대한 코로나19 데이터를 불러올 수 있다. Our World in Data에서 제공하는 실시간 COVID-19 데이터셋을 사용해서 전 세계 국가별 확진자 데이터를 불러오고, 확진자가 0보다 큰 국가만 필터링한다. 결과적으로 확진자 수가 많은 상위 10개 국가를 출력하여 데이터의 개요를 파악한다.

이 코드를 통해 전 세계에서 가장 많은 확진자가 발생한 국가가 어디인지 확인할 수 있다. 전체적인 데이터 구조를 파악하고, 이후 대륙별 분석을 위한 기반 데이터를 준비할 수 있다.

② 대륙별 확진자 증가 추이 분석 (최근 100일 기준)

국가별 데이터를 확인한 후에는, 개별 국가가 아닌 대륙 단위로 데이터를 분석하는 과정이 필요하다. 이를 위해 아시아, 유럽, 북미, 남미, 아프리카, 오세아니아 등 6개 대륙에 해당하는 데이터만 필터링하고, 각 대륙의 데이터를 하나로 묶어 분석을 진행한다. 최근 100일 동안의 확진자 수 변화를 분석하는 것에 초점을 맞춘다. 데이터에서 날짜별 확진자 수를 합산하여, 대륙별로 확진자 증가 패턴을 시계열 데이터로 변환한다.

```
# 대륙별 데이터만 필터링
continent_list = ["Asia", "Europe", "North America", "South America", "Africa", "Ocean
ia"]
df_continents = df[df["location"].isin(continent_list)].copy()

# 날짜 변환 및 일수 계산
df_continents["date"] = pd.to_datetime(df_continents["date"])
df_continents["days_since_start"] = (df_continents["date"] -
df_continents["date"].min()).dt.days

# 최근 100일 데이터 선택
df_recent_continents = df_continents[df_continents["date"] >=
df_continents["date"].max() - pd.Timedelta(days=100)]

# 대륙별 daily new cases 합산
df_grouped = df_recent_continents.groupby(["date",
"location"])["new_cases"].sum().reset_index()

# 그래프 시각화
plt.figure(figsize=(12, 6))
for continent in continent_list:
```

```
    df_temp = df_grouped[df_grouped["location"] == continent]
    plt.plot(df_temp["date"], df_temp["new_cases"], label=continent)

plt.xlabel("Date")
plt.ylabel("New Cases")
plt.title("COVID-19 Cases Trend by Continent (Last 100 Days)")
plt.legend()
plt.xticks(rotation=45)
plt.show()
```

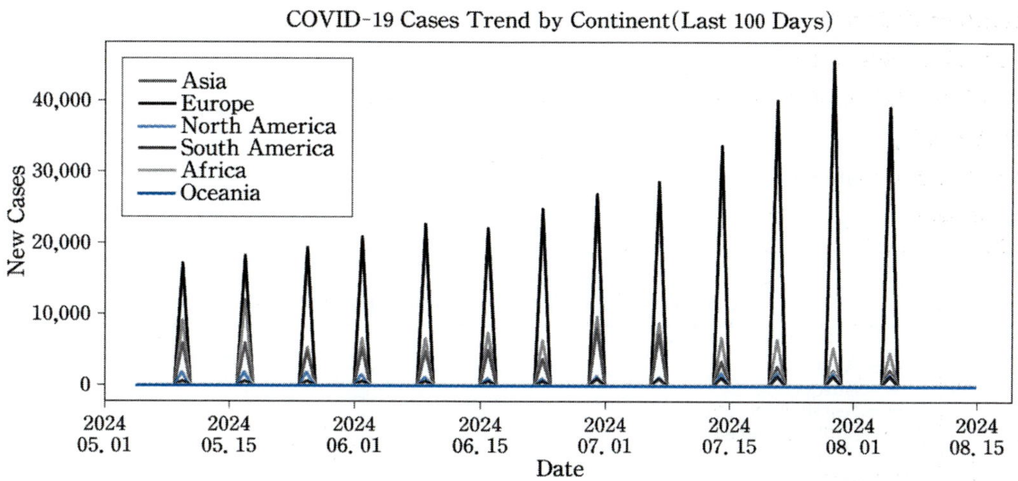

이 그래프를 통해 최근 100일 동안 어떤 대륙에서 확진자가 가장 많이 발생했는지 확인할 수 있고, 특정 시점에서 확진자 수가 급증하는 패턴이 있는지 직관적으로 파악할 수 있다. 마지막으로 대륙별로 확진자 증가 속도에 차이가 있는지 비교할 수 있다.

③ 팬데믹 초기부터 현재까지의 확진자 증가 추이 분석 (2020년 이후 데이터 활용)

2020년 1월 이후 데이터를 사용하여 시간이 지나면서 확진자가 어떻게 증가했는지를 시각적으로 표현한다. 이를 통해 팬데믹 초기 확진자 증가 속도, 백신 접종 이후 변화, 그리고 최근 확진자 수의 감소 여부를 확인할 수 있다.

```
# 2020년 이후 데이터를 사용하여 대륙별 확진자 추이 분석
df_covid_start = df_continents[df_continents["date"] >= "2020-01-01"]
```

```
# 대륙별 daily new cases 합산
df_grouped_start = df_covid_start.groupby(["date",location"])["new_cases"].sum().rese
t_index()

# 그래프 시각화 (2020년 이후 데이터)
plt.figure(figsize=(12, 6))
for continent in continent_list:
    df_temp = df_grouped_start[df_grouped_start["location"] == continent]
    plt.plot(df_temp["date"], df_temp["new_cases"], label=continent)

plt.xlabel("Date")
plt.ylabel("New Cases")
plt.title("COVID-19 Cases Trend by Continent (Since 2020)")
plt.legend()
plt.xticks(rotation=45)
plt.show()
```

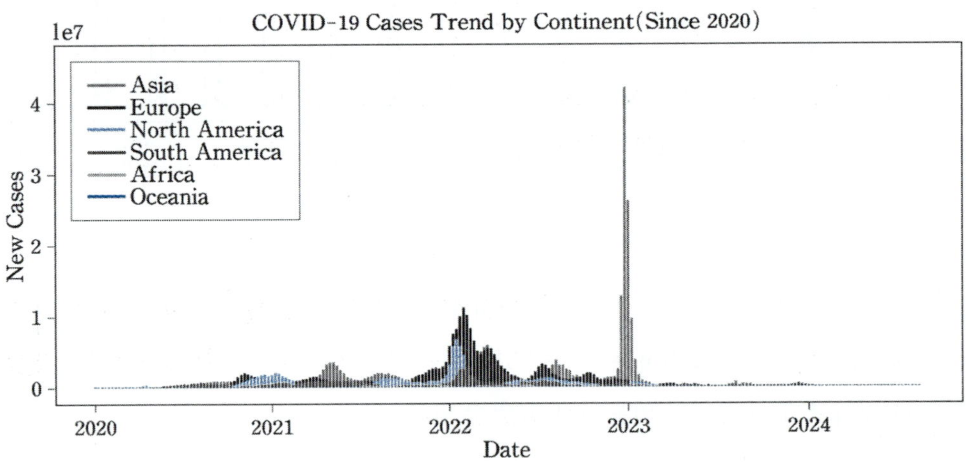

이 그래프를 통해 팬데믹 초기(2020년)의 확진자 증가 속도와 이후의 변화를 비교할 수 있으며, 대륙별로 확진자 증가 패턴이 어떻게 다른지 비교할 수 있다.

데이터 분석을 통해 단순히 과거 데이터를 분석하는 것을 넘어서, 미래를 예측할 수 있으며, 확진자가 다시 증가할 가능성이 있는지 사전에 분석할 수 있다. 또한 정부나 보건 당국이 미리 의료 자원을 준비할 수 있도록 도움을 줄 수 있다.

이 책을 모두 학습하고 나면, 이러한 분석을 직접 수행할 수 있으며, 더 나아가 데이터를 활용한 다양한 문제 해결 능력을 갖추게 될 것이다. Python을 사용하여 데이터를 분석하고, 시각화하고, 패턴을 발견하며, 예측 모델을 만드는 방법을 배우게 된다.

데이터를 올바르게 분석하려면, 통계적인 개념도 필수적이다. 기초 통계 개념을 이해하면 데이터의 특성을 더 잘 파악할 수 있으며, 상관관계 분석, 회귀 분석, 정규 분포 등의 개념을 활용하면 더 정교한 분석이 가능하다.

즉, 이 책을 통해 Python을 배우는 것뿐만 아니라, 데이터를 이해하는 통찰력과 분석적 사고력도 함께 기르게 될 것이다.

CHAPTER 02

Python, 현대의 만능 도구

오늘날 우리는 데이터 속에서 살아가고 있다. 스마트폰을 사용할 때, 온라인 쇼핑을 할 때, 유튜브에서 추천 영상을 볼 때도 우리는 인식하지 못하는 사이에 데이터와 알고리즘이 중요한 역할을 하고 있다.

검색 엔진은 우리가 원하는 정보를 찾아주고, 온라인 쇼핑몰은 우리가 좋아할 만한 상품을 추천하며, 음악 스트리밍 서비스는 취향에 맞는 플레이리스트를 제공한다. 이 모든 과정은 데이터를 수집하고 분석하는 기술이 발전했기 때문에 가능해진 것이다.

그렇다면, 데이터를 분석하고 활용하기 위해서는 어떤 도구가 필요할까?

수많은 프로그래밍 언어 중에서 데이터 분석과 프로그래밍을 배우려는 사람들에게 가장 추천되는 언어는 바로 Python(파이썬)이다. Python은 배우기 쉽고 직관적인 문법을 제공하면서도 강력한 기능을 갖춘 프로그래밍 언어이다. 데이터 과학, 인공지능, 웹 개발, 금융, 게임 개발 등 다양한 분야에서 널리 사용되며, 특히 데이터 분석과 머신러닝에서 가장 널리 쓰이는 표준 언어로 자리 잡고 있다.

많은 연구자와 개발자가 Python을 활용하여 복잡한 문제를 해결하고 있으며, 데이터 분석을 처음 배우는 사람들도 Python을 통해 프로그래밍의 개념을 쉽게 익힐 수 있다.

이번 장에서는 Python을 설치하고 실행하는 방법, Google Colab을 활용하는 방법, 그리고 Python의 기본적인 문법과 개념에 대해 알아본다. 이 장을 마치면, Python의 기본 문법을 이해하고 직접 실행할 수 있는 능력을 갖추게 될 것이다.

1 Python 설치 및 소개

1.1 Python(파이썬)이란?

우리는 스마트폰에서 길을 찾고, 온라인에서 쇼핑을 하며, 유튜브에서 추천 영상을 본다. 이 모든 과정에서 데이터가 활용되며, 데이터를 분석하고 처리하는 기술이 점점 더 중요해지고 있다.

그렇다면 데이터를 다루기 위한 가장 좋은 프로그래밍 언어는 무엇일까?

바로 Python(파이썬) 이다.

Python은 배우기 쉽고 강력한 기능을 제공하는 프로그래밍 언어로, 데이터 분석, 인공지능, 웹 개발, 금융, 게임 개발 등 다양한 분야에서 활용되고 있다. 특히, 데이터 과학과 인공지능 분야에서는 Python이 표준처럼 사용되며, 많은 연구자와 개발자가 Python을 활용하여 데이터를 분석하고 문제를 해결하고 있다.

1.2 Python 특징

Python은 왜 이렇게 널리 사용될까?

다음과 같은 장점 덕분에 초보자부터 전문가까지 모두에게 인기 있는 프로그래밍 언어가 되었다. Python이 특히 데이터 분석에서 인기 있는 이유는 다음과 같다.

① **배우기 쉬운 문법** : 코드가 간결하고 직관적이어서 처음 배우는 사람도 쉽게 익힐 수 있다.

② **강력한 라이브러리 지원** : 데이터 분석, 머신러닝, 웹 개발 등 다양한 분야에서 사용할 수 있는 라이브러리(Pandas, NumPy, Matplotlib, Scikit-learn 등)가 풍부하다.

③ **무료 오픈소스** : 누구나 무료로 사용할 수 있으며, 전 세계 개발자들이 지속적으로 개선하고 있다.

④ **다양한 플랫폼에서 실행 가능** : Windows, macOS, Linux 등 거의 모든 운영체제에서 실행할 수 있다.

1.3 Python 설치 방법

그렇다면 Python을 사용하기 위해서는 어떻게 시작해야 할까?

Python을 설치하는 방법은 여러 가지가 있지만, 가장 일반적인 방법은 Python 공식 홈페이지

(https://www.python.org/) 에서 최신 버전을 다운로드하는 것이다. 그러나 이 책에서는 별도로 Python을 설치하지 않고, Google Colab(구글 코랩) 을 활용하여 코드를 실행할 것이다. Google Colab은 별도의 설치 없이 웹 브라우저에서 Python 코드를 실행할 수 있도록 도와주는 강력한 도구이다. 이제 Google Colab을 활용하여 Python을 실행하는 방법을 살펴보자.

2 Colab 사용법

Google Colab(콜랩)은 Google에서 제공하는 클라우드 기반 Python 실행 환경이다. 즉, 별도의 프로그램 설치 없이 웹 브라우저에서 바로 Python 코드를 실행할 수 있다. Google Colab은 데이터 과학과 머신러닝을 위한 강력한 기능을 제공하며, 특히 Python을 처음 배우는 사람들에게 매우 유용한 도구이다.

구글 코랩 사용 방법은 다음과 같다.

① **Google Colab 접속** : https://colab.research.google.com
② **새로운 노트북 생성** : "새 노트북"을 클릭하여 새로운 Python 환경을 만든다.
③ **코드 실행** : 코드 셀에 Python 코드를 입력한 후 Shift + Enter 를 누르면 실행된다.

입력 코드

```
print("Hello, Python!")  # Python 코드 실행
```

출력 결과

```
Hello, Python!
```

Google Colab을 활용하면 Python을 쉽게 실행할 수 있으며, 이제 Python의 기본적인 문법과 개념을 익혀보자.

3 Colab Turtle 모듈 실습

Python에는 다양한 실습을 쉽게 할 수 있도록 도와주는 모듈이 있다. 그중 하나가 ColabTurtle 이다. 이 모듈을 사용하면, Python을 이용해 간단한 그래픽을 그릴 수 있다. ColabTurtle은 Google Colab 환경에서 터틀 그래픽을 실행할 수 있도록 지원하는 라이브러리이다. 이를 활용하면 Python을 사용하여 거북이(Turtle)를 움직이며 그림을 그릴 수 있다.

3.1 ColabTurtle로 간단한 그림 그리기

아래 코드를 실행하면, 거북이가 움직이며 선을 그리는 모습을 볼 수 있다.

```
!pip install ColabTurtle # Colab 환경에서 ColabTurtle 설치

from ColabTurtle.Turtle import *

initializeTurtle() # 터틀 초기화
speed(5) # 속도 조절

for _ in range(4): # 사각형 그리기
    forward(100)
    right(90)
```

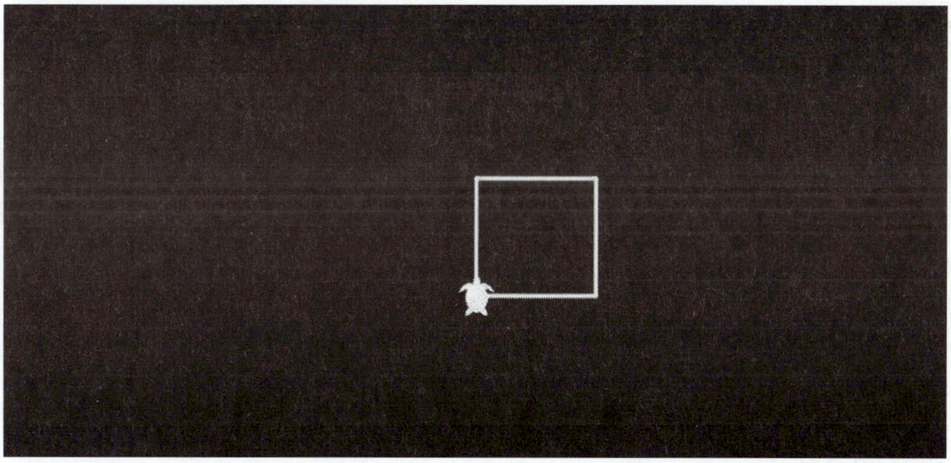

위 코드를 실행하면, Python을 활용하여 간단한 그래픽을 생성할 수 있다. 이러한 실습은 Python의 기본 개념을 이해하고, 프로그래밍에 익숙해지는 데 도움이 된다.

4 변수와 다양한 자료형 소개

컴퓨터는 단순한 숫자나 문자를 저장하고 처리하는 기계가 아니다. 우리가 다루는 모든 데이터는 변수(Variable) 라는 개념을 통해 메모리에 저장되고 관리된다. 변수는 값을 저장하는 이름이 있는 상자라고 생각할 수 있으며, 이 상자를 활용하면 프로그램이 데이터를 저장하고 활용할 수 있다.

우리가 일상에서 물건을 정리할 때, 라벨을 붙인 서랍에 각각의 물건을 보관하듯, Python에서도 변수라는 이름을 사용하여 특정 데이터를 저장할 수 있다. 예를 들어, age = 25라고 하면 "age"라는 이름의 상자에 숫자 25가 저장되는 것과 같다. 이렇게 저장된 값은 필요할 때마다 불러와 사용할 수 있으며, 변경할 수도 있다.

이 장에서는 변수의 개념과 활용법, 다양한 자료형, 그리고 변수를 다루는 방법을 알아본다. Python을 배우면서 가장 기본이 되지만, 프로그래밍을 할 때 가장 중요한 개념이기도 하다.

4.1 변수란 무엇인가?

변수(Variable)란 데이터를 저장하는 공간이며, 프로그래밍에서는 특정 값을 저장하고 불러오기 위해 사용된다. Python에서 변수를 만들 때는 변수 이름을 지정한 후, 등호(=)를 사용하여 값을 할당하면 된다.

```
name = "홍길동"
age = 25
height = 175.3
```

위 코드에서, name 변수에는 "홍길동"이라는 문자열이 저장되고, age 변수에는 25라는 정수가 저장된다. 마지막으로 height 변수에는 175.3이라는 실수가 저장된다. 이처럼 변수는 다양한 데이터 유형을 저장할 수 있다.

변수는 프로그램이 실행되는 동안 값을 저장하고 관리하는 역할을 한다. 한 번 선언된 변수는 다른 값으로 변경 가능하며, 필요할 때마다 값을 불러올 수 있다.

4.2 변수 값 변경하기

변수는 저장된 값을 언제든지 필요할 때마다 변경할 수 있다. 예를 들어, 아래와 같이 weight라는 변수에 체중을 저장하고 다시 동일한 변수에 다른 값을 저장할 수 있다.

입력 코드

```
weight = 78.2     # 체중을 저장하는 변수
print(weight)     # 변수 값 출력
weight = 76.9     # 체중이 변한 경우
print(weight)
```

출력 결과

```
78.2
76.9
```

이처럼 변수에 저장된 값은 필요할 때마다 변경할 수 있다. 변수에 새로운 값을 할당하면 기존의 값은 사라지고, 새로운 값으로 대체된다. 이렇게 하면 동일한 변수명을 사용하더라도, 그 변수의 값은 프로그램 실행 중에 계속 변경될 수 있다.

4.3 변수명 작성 규칙(Naming Rules)

Python에서 변수명을 작성할 때는 몇 가지 규칙이 있다.

① 영문자, 숫자, 밑줄(_)만 사용할 수 있다.

```
age = 25        # 가능
age_1 = 30      # 가능
```

② 변수명은 숫자로 시작할 수 없다.

```
1st_player = "Messi"  #  오류 발생
```

③ 변수명에 공백(띄어쓰기)은 사용할 수 없다.

```
my name = "John"   # 오류 발생
```

④ 대소문자를 구별한다.

```
Age = 30
age = 25
print(Age)  # 30
print(age)  # 25
```

⑤ Python에서 미리 예약된 키워드(예약어)는 변수명으로 사용할 수 없다.

예를 들어, if, for, while, class, def 등은 변수명으로 사용할 수 없다.

좋은 변수명 작성법은 다음과 같다.

① 변수명은 의미를 담아 작성하는 것이 좋다.

```
x = 100           # 의미가 모호한 변수명
height_cm = 175   # 의미가 명확한 변수명
```

② 여러 단어로 이루어진 변수명은 밑줄(_)을 사용하거나 카멜 표기법을 사용할 수 있다.

```
student_score = 95   # 밑줄(_) 사용
studentScore = 95    # 카멜 표기법 사용
```

③ 대문자로 작성된 변수명은 상수(Constant)로 취급된다.

```
PI = 3.14159
MAX_SPEED = 120
```

4.4 변수의 다양한 자료형 (Data Types)

Python에서는 여러 종류의 데이터를 저장할 수 있으며, 데이터의 종류(자료형, Data Type)에 따라 연산 방법이 달라진다.

Python에서 기본적으로 제공하는 주요 자료형은 다음과 같다.

자료형	설명	예제
int	정수(Integer)	x = 10
float	실수(Floating-point)	y = 3.14
str	문자열(String)	name = "Python"
bool	논리형(Boolean)	is_active = True
list	리스트(List)	numbers = [1, 2, 3]
tuple	튜플(Tuple)	coordinates = (10, 20)
dict	딕셔너리(Dictionary)	person = {"name": "Alice", "age": 30}

Python에서는 변수의 자료형을 변환할 수 있다. 이를 형 변환(Type Casting) 이라고 한다.

예를 들어, 문자열을 숫자로 변환하거나, 정수를 실수로 변환할 수 있다.

입력 코드

```
# 정수를 실수로 변환
num = 10
print(float(num))  # 10.0

# 문자열을 정수로 변환
str_num = "100"
print(int(str_num))  # 100

# 숫자를 문자열로 변환
num = 50
print(str(num))  # "50"
```

출력 결과

```
10.0
100
"50"
```

5 데이터 입력과 출력

프로그래밍의 기본 개념 중 하나는 사용자로부터 데이터를 입력받고, 그 결과를 출력하는 과정이다. 예를 들어, 웹사이트에서 로그인할 때 아이디와 비밀번호를 입력하고, 로그인이 성공하면 "로그인 성공!"이라는 메시지가 화면에 출력된다. 이처럼 프로그램이 동작하려면 데이터를 입력받고, 처리한 후, 결과를 출력하는 과정이 필수적이다.

Python에서는 input() 함수를 사용하여 데이터를 입력받고, print() 함수를 사용하여 데이터를 출력할 수 있다. 또한, 데이터를 더 직관적이고 깔끔하게 출력하기 위해 다양한 출력 형식(문자열 포맷팅)을 제공한다. 이 장에서는 Python에서 데이터를 입력하는 다양한 방법과 출력하는 다양한 방법을 자세히 알아본다.

5.1 사용자 입력 받기(input() 함수 사용)

Python에서는 input() 함수를 사용하여 사용자의 입력을 받을 수 있다. 기본적으로 input()을 실행하면 사용자가 값을 입력할 때까지 프로그램이 멈춘다. 입력된 값은 문자열(str) 형태로 저장된다.

입력 코드

```
name = input("당신의 이름을 입력하세요: ")
print("안녕하세요,", name, "님!")
```

출력 결과

```
당신의 이름을 입력하세요: 홍길동
안녕하세요, 홍길동 님!
```

위 코드에서 input() 함수는 사용자가 입력한 값을 name 변수에 저장하고, print() 함수를 이용해 입력받은 데이터를 출력한다.

5.2 숫자 입력 받기 (형 변환 필요)

Python의 input() 함수는 입력된 데이터를 기본적으로 문자열(str)로 저장한다. 따라서, 숫자로 입력받은 값을 연산하려면 정수(int) 또는 실수(float)로 변환해야 한다.

① 정수 입력 받기 (int 변환)

입력 코드

```
age = int(input("나이를 입력하세요: "))
print("내년이면", age + 1, "살이 됩니다!")
```

출력 결과

```
나이를 입력하세요: 25
내년이면 26 살이 됩니다!
```

② 실수 입력 받기 (float 변환)

입력 코드

```
height = float(input("키를 입력하세요(단위: cm): "))
print("당신의 키는", height, "cm입니다.")
```

출력 결과

```
키를 입력하세요(단위: cm): 172.5
당신의 키는 172.5 cm입니다.
```

5.3 여러 개의 값 입력 받기 (split() 활용)

Python에서는 한 번에 여러 개의 데이터를 입력받을 수도 있다. 이 경우 공백을 기준으로 여러 개의 값을 나눠서 저장하려면 split()을 사용하면 된다.

① 여러 개의 값 입력받기

입력 코드

```
x, y = input("두 개의 숫자를 입력하세요: ").split()
print("첫 번째 숫자:", x)
print("두 번째 숫자:", y)
```

출력 결과

```
두 개의 숫자를 입력하세요: 10 20
첫 번째 숫자: 10
두 번째 숫자: 20
```

위 코드에서 split()은 공백을 기준으로 입력값을 분리하여 각각 x, y 변수에 저장한다.

② 입력받은 값을 정수로 변환하여 연산하기

입력 코드

```
a, b = map(int, input("두 개의 정수를 입력하세요: ").split())
print("두 숫자의 합:", a + b)
```

출력 결과

```
두 개의 정수를 입력하세요: 5 8
두 숫자의 합: 13
```

위 코드에서는 map(int, input().split())을 사용하여 입력된 문자열을 정수(int)로 변환한 후 변수에 저장한다.

5.4 데이터 출력 (print() 함수)

Python에서 데이터를 출력할 때는 print() 함수를 사용한다. print() 함수는 문자열, 숫자, 연산 결과 등 다양한 데이터를 출력할 수 있다.

① 기본적인 print() 사용법

입력 코드

```
print("안녕하세요!")
print(10 + 20)
print("나이:", 25)
```

출력 결과

```
안녕하세요!
30
나이: 25
```

② 여러 개의 값을 출력할 때 (,로 연결하기)

입력 코드

```
name = "홍길동"
age = 30
print("이름:", name, "나이:", age)
```

출력 결과

```
이름: 홍길동 나이: 30
```

,(쉼표)를 사용하면 여러 개의 값을 한 줄에 출력할 수 있다.

5.5 print()의 출력 옵션

① 출력값 사이의 구분자 변경 (sep 옵션 활용)

print()는 기본적으로 값을 출력할 때 공백(띄어쓰기)로 구분한다.

하지만 sep 옵션을 사용하면 출력값 사이의 구분자를 변경할 수 있다.

입력 코드

```
print("2025", "03", "07", sep="-")
```

출력 결과

```
2025-03-07
```

② 출력 후 줄바꿈 없이 이어서 출력 (end 옵션 활용)

print()는 기본적으로 출력 후 줄바꿈(개행)을 한다. 이를 변경하려면 end 옵션을 사용할 수 있다.

입력 코드

```
print("Hello", end=" ")
print("Python!")
```

출력 결과

```
Hello Python!
```

위 코드에서 end=" "을 사용하면 print() 실행 후 줄을 바꾸지 않고 이어서 출력한다.

5.6 문자열 포맷팅을 활용한 출력 (f-string, .format(), % 연산자)

Python에서는 데이터를 더 직관적으로 출력하기 위해 문자열 포맷팅(String Formatting) 기능을 제공한다.

① 가장 직관적인 방법: f-string 사용 (Python 3.6 이상 지원)

입력 코드

```
name = "홍길동"
age = 25
print(f"이름: {name}, 나이: {age}")
```

출력 결과

```
이름: 홍길동, 나이: 25
```

② .format() 사용법 (Python 3.0 이상)

입력 코드

```
name = "이순신"
age = 40
print("이름: {}, 나이: {}".format(name, age))
```

출력 결과

```
이름: 이순신, 나이: 40
```

6 수식과 연산자

프로그래밍에서 연산자(Operator) 는 값을 조작하고 계산하는 데 사용되는 기호이다.

Python에서는 산술 연산자, 비교 연산자, 논리 연산자, 복합 대입 연산자, 비트 연산자, 멤버 연산자, 식별 연산자 등 다양한 연산자를 제공한다.

이 장에서는 각각의 연산자를 알아보고, 이를 어떻게 활용할 수 있는지 실습을 통해 익혀보자.

6.1 산술 연산자 (Arithmetic Operators)

산술 연산자는 기본적인 수학 연산(+, -, *, / 등)을 수행하는 연산자이다. Python에서 지원하는 주요 산술 연산자는 다음과 같다.

연산자	설명	예제	결과
+	덧셈	10 + 5	15
–	뺄셈	10월 05일	5
*	곱셈	10 * 5	50
/	나눗셈 (소수점 포함)	10월 03일	3.3333
//	몫 연산 (정수 나눗셈)	10 // 3	3
%	나머지 연산	10 % 3	1
**	거듭제곱	2 ** 3	8

다음은 산술 연산자 예제 코드이다.

입력 코드

```
a = 10
b = 3

print("덧셈:", a + b)     # 10 + 3 = 13
print("뺄셈:", a - b)     # 10 - 3 = 7
print("곱셈:", a * b)     # 10 * 3 = 30
print("나눗셈:", a / b)   # 10 / 3 = 3.3333
print("몫:", a // b)      # 10 // 3 = 3
print("나머지:", a % b)   # 10 % 3 = 1
print("거듭제곱:", a ** b)# 10 ** 3 = 1000
```

출력 결과

```
덧셈: 13
뺄셈: 7
곱셈: 30
나눗셈: 3.3333
몫: 3
나머지: 1
거듭제곱: 1000
```

6.2 비교 연산자 (Comparison Operators)

비교 연산자는 두 개의 값을 비교하여 참(True) 또는 거짓(False)을 반환하는 연산자이다.

연산자	설명	예제	결과
==	같음	5 == 5	TRUE
!=	다름	5 != 3	TRUE
>	크다	5 > 3	TRUE
<	작다	5 < 3	FALSE
>=	크거나 같다	5 >= 5	TRUE
<=	작거나 같다	5 <= 3	FALSE

다음은 비교 연산자 예제 코드이다.

입력 코드

```
x = 10
y = 5

print("x == y:", x == y)  # False
print("x != y:", x != y)  # True
print("x > y:", x > y)    # True
print("x < y:", x < y)    # False
print("x >= y:", x >= y)  # True
print("x <= y:", x <= y)  # False
```

출력 결과

```
x == y: False
x != y: True
x > y: True
x < y: False
x >= y: True
x <= y: False
```

6.3 논리 연산자 (Logical Operators)

논리 연산자는 두 개 이상의 조건을 조합하거나 부정하는 데 사용된다.

연산자	설명	예제	결과
and	두 조건이 모두 참이면 True	(5 〉 3) and (10 〉 5)	TRUE
or	둘 중 하나라도 참이면 True	(5 〉 3) or (10 〈 5)	TRUE
not	조건을 반대로 변환	not (5 〉 3)	FALSE

다음은 논리 연산자 예제 코드이다.

입력 코드

```
a = True
b = False

print("a and b:", a and b)    # False
print("a or b:", a or b)      # True
print("not a:", not a)        # False
```

출력 결과

```
a and b: False
a or b: True
not a: False
```

6.4 복합 대입 연산자 (Compound Assignment Operators)

복합 대입 연산자는 변수의 값을 연산한 후 다시 할당할 때 사용된다. 예를 들어, x = x + 3을 더 간결하게 x += 3으로 표현할 수 있다.

연산자	예제	동일한 표현
+=	x += 3	x = x + 3
−=	x −= 3	x = x − 3
*=	x *= 3	x = x * 3
/=	x /= 3	x = x / 3
//=	x //= 3	x = x // 3
%=	x %= 3	x = x % 3
**=	x **= 3	x = x ** 3

다음은 복합 대입 연산자 예제 코드이다.

입력 코드

```
x = 10
x += 3  # x = x + 3
print("x += 3:", x)   # 13

x -= 2  # x = x - 2
print("x -= 2:", x)   # 11

x *= 2  # x = x * 2
print("x *= 2:", x)   # 22

x //= 4  # x = x // 4
print("x //= 4:", x)  # 5
```

출력 결과

```
x += 3: 13
x -= 2: 11
x *= 2: 22
x //= 4: 5
```

6.5 멤버 연산자 (Membership Operators)

멤버 연산자는 특정 값이 시퀀스(리스트, 튜플 등)에 포함되어 있는지 확인할 때 사용된다.

연산자	설명	예제	결과
in	값이 포함되어 있으면 True	"a" in "apple"	TRUE
not in	값이 포함되지 않으면 True	"b" not in "apple"	TRUE

다음은 멤버 연산자 예제 코드이다.

입력 코드

```
fruits = ["apple", "banana", "cherry"]
print("banana in fruits: ", "banana" in fruits)
print("grape not in fruits: ", "grape" not in fruits)
```

출력 결과

```
banana in fruits: True
grape not in fruits: True
```

❒ 주요 개념 요약

이 장에서는 Python의 기본적인 개념과 문법을 학습하였다. 우리는 Python을 설치하고 실행하는 방법, Google Colab 사용법, 변수와 자료형, 데이터 입력과 출력, 수식과 연산자를 배웠다.

1. Python 소개 및 실행 환경

- Python은 배우기 쉽고 강력한 기능을 제공하는 프로그래밍 언어
- 데이터 분석, 인공지능, 웹 개발 등 다양한 분야에서 활용
- Google Colab을 활용하면 Python을 웹에서 실행 가능 (설치 불필요!)

2. Google Colab 사용법

- Google Colab은 Python을 쉽게 실행할 수 있는 클라우드 기반 환경
- 설치 없이 웹 브라우저에서 실행 가능
- Shift + Enter를 눌러 코드를 실행할 수 있음

3. 변수와 자료형

- 변수(Variable): 데이터를 저장하는 공간
- Python은 다양한 데이터 유형을 제공함
- int(정수), float(실수), str(문자열), bool(참/거짓), list(리스트), dict(딕셔너리) 등
- 변수의 자료형을 type() 함수로 확인 가능

4. 데이터 입력과 출력

- input() 함수를 사용하여 사용자 입력 받기
- print() 함수를 사용하여 결과 출력
- split()을 사용하여 여러 개의 값 입력 가능
- sep 옵션과 end 옵션을 활용하여 출력 형식 조정 가능

5. 수식과 연산자

- 산술 연산자: +, -, *, /, //, %, **
- 비교 연산자: ==, !=, >, <, >=, <=
- 논리 연산자: and, or, not
- 복합 대입 연산자: +=, -=, *=, /=, //=, %=
- 멤버 연산자: in, not in

실습과제

01 사용자로부터 이름, 나이, 취미를 입력받아 출력하는 프로그램을 작성하시오.

예제 입력

이름을 입력하세요: 김영희

나이를 입력하세요: 23

취미를 입력하세요: 독서

예제 출력

안녕하세요! 저는 김영희입니다.

나이는 23살이고, 취미는 독서입니다.

02 사용자로부터 두 개의 숫자를 입력받아, 덧셈, 뺄셈, 곱셈, 나눗셈 결과를 출력하는 프로그램을 작성하시오.

예제 입력

첫 번째 숫자: 8

두 번째 숫자: 2

예제 출력

덧셈: 10

뺄셈: 6

곱셈: 16

나눗셈: 4.0

03 아이디와 비밀번호를 입력받아, 저장된 정보와 비교하여 로그인 성공/실패 여부를 출력하는 프로그램을 작성하시오.

– 저장된 아이디: "admin "

– 저장된 비밀번호: "1234 "

예제 입력

아이디: admin

비밀번호: 1234

예제 출력

로그인 성공

04 초기 계좌 잔액이 10000원인 상태에서, 사용자가 입금과 출금을 선택하여 잔액을 갱신하는 프로그램을 작성하시오.

예제 입력

입금할 금액: 5000

출금할 금액: 2000

예제 출력

현재 잔액: 13000원

정답코드

01 사용자로부터 이름, 나이, 취미를 입력받아 출력하는 프로그램을 작성하시오.

```
# 사용자 입력 받기
name = input("이름을 입력하세요: ")
age = input("나이를 입력하세요: ")
hobby = input("취미를 입력하세요: ")

# 결과 출력
print(f"\n안녕하세요! 저는 {name}입니다.")
print(f"나이는 {age}살이고, 취미는 {hobby}입니다.")
```

02 사용자로부터 두 개의 숫자를 입력받아, 덧셈, 뺄셈, 곱셈, 나눗셈 결과를 출력하는 프로그램을 작성하시오.

```
# 사용자 입력 (정수형 변환)
num1 = int(input("첫 번째 숫자: "))
num2 = int(input("두 번째 숫자: "))

# 연산 수행 및 출력
print("\n덧셈:", num1 + num2)
print("뺄셈:", num1 - num2)
print("곱셈:", num1 * num2)
print("나눗셈:", num1 / num2)
```

03 아이디와 비밀번호를 입력받아, 저장된 정보와 비교하여 로그인 성공/실패 여부를 출력하는 프로그램을 작성하시오.

```
# 저장된 아이디 및 비밀번호
stored_id = "admin"
stored_pw = "1234"

# 사용자 입력 받기
input_id = input("아이디: ")
input_pw = input("비밀번호: ")

# 로그인 검증
if input_id == stored_id and input_pw == stored_pw:
    print("\n로그인 성공")
else:
    print("\n로그인 실패")
```

04 초기 계좌 잔액이 10000원인 상태에서, 사용자가 입금과 출금을 선택하여 잔액을 갱신하는 프로그램을 작성하시오.

```
# 초기 잔액 설정
balance = 10000

# 사용자 입력 받기 (정수 변환)
deposit = int(input("입금할 금액: "))
withdraw = int(input("출금할 금액: "))

# 잔액 갱신
balance += deposit
balance -= withdraw

# 최종 잔액 출력
print(f"\n현재 잔액: {balance}원")
```

PART

2

프로그래밍의 철학

HTTP://Python.org

프로그래밍은 단순히 코드를 작성하는 것이 아니라, 논리적으로 사고하고 문제를 해결하는 과정이다. 컴퓨터는 인간처럼 직관적으로 사고하지 않는다. 우리가 프로그램을 만들려면 컴퓨터가 이해할 수 있는 명확한 논리를 설계해야 한다. 이 과정에서 중요한 개념이 바로 조건문(선택), 반복문(패턴), 함수(구조화)이다.

우리는 일상 속에서 수많은 결정을 내린다.

- "오늘은 우산을 챙길까?" → 날씨가 흐리면 챙기고, 맑으면 챙기지 않는다.
- "빨간불일 때 건널까?" → 빨간불이면 멈추고, 초록불이면 건넌다.

이러한 선택의 순간을 프로그래밍에서는 조건문(if 문)을 통해 표현할 수 있다.

또한, 반복되는 행동도 많다.

- "매일 아침 일어나면 이를 닦고 세수를 한다."
- "같은 버튼을 여러 번 눌러야 하는 프로그램이 있다."

이처럼 특정 동작을 여러 번 반복하는 과정을 프로그래밍에서는 반복문(for, while 문) 으로 표현한다.

하지만 복잡한 프로그램을 만들다 보면 코드가 길어지고 관리하기 어려워지는 문제가 발생한다. 이를 해결하기 위해 함수와 모듈을 사용하여 코드를 구조화할 수 있다. "주어진 문제를 작은 조각으로 나누고, 이를 조합하여 해결하는 방식"을 배우는 것이 핵심이다.

이번 장에서는 조건문, 반복문, 함수와 모듈을 활용하여 효율적이고 논리적인 프로그램을 작성하는 방법을 익힐 것이다. 이제, 프로그래밍의 핵심 원리를 배우고, 보다 논리적으로 사고하는 능력을 길러보자

CHAPTER 03

선택의 미학: 조건과 가능성

우리는 하루에도 수십 번, 아니 수백 번의 결정을 내린다. 아침에 일어나 날씨를 확인하고, 비가 온다면 우산을 챙길지 말지 선택한다. 식당에서 메뉴를 고를 때도, 현재 상황과 기호를 고려해 하나의 선택지를 고른다. 이처럼 우리의 행동은 "조건에 따라 다른 선택을 하는 과정"으로 이루어져 있다.

프로그래밍에서도 입력된 데이터나 특정 상황에 따라 실행되는 코드가 달라지는 기능이 필요하다. 예를 들어, ATM에서 비밀번호가 일치하면 계좌에 접근할 수 있고, 그렇지 않으면 접근이 거부되는 프로그램을 만들려면 Python에서는 조건문(Conditional Statement) 을 사용해야 한다.

조건문을 사용하면 프로그램이 입력값이나 상황에 따라 다르게 동작할 수 있다.

- 학생이 시험 점수를 입력하면 "합격" 또는 "불합격"을 출력하는 프로그램을 만들 수 있다.
- 사용자가 웹사이트에 로그인할 때 아이디와 비밀번호가 맞는지 확인하는 프로그램을 만들 수 있다.
- 게임에서 플레이어가 적을 공격할지, 방어할지 선택하는 기능을 추가할 수 있다.

Python에서는 이를 위해 조건문(if) 을 제공한다. 이 장에서는 조건문을 활용하여 프로그램이 상황에 따라 다르게 동작하도록 설계하는 방법을 배운다.

- if 문: 특정 조건이 참일 때 실행되는 코드 블록
- if-else 문: 조건이 참이면 A 실행, 거짓이면 B 실행
- if-elif-else 문: 여러 개의 조건을 순차적으로 검사하여 실행
- 중첩 if 문: 조건문 안에 또 다른 조건문을 포함
- random 모듈 활용: 확률적인 상황을 처리하는 방법

이제 Python의 조건문을 활용하여 현실 세계의 다양한 선택 구조를 프로그래밍적으로 표현하는 방법을 배워보자.

1 조건문(Conditional Statements) 이해하기

1.1 조건문의 개념

조건문이란 특정 조건을 만족할 때만 실행되는 코드 블록이다. 즉, "만약 A 조건이 참이면 B를 실행하라" 라는 논리를 구현하는 것이다. 프로그램은 기본적으로 위에서 아래로 순차적으로 실행된다. 하지만 조건문을 사용하면 특정 조건이 충족될 때만 실행되는 코드를 만들 수 있다.

예를 들어, 웹사이트에서 로그인할 때를 생각해 보자. 사용자가 올바른 아이디와 비밀번호를 입력하면, 로그인에 성공하여 계정에 접근할 수 있다. 하지만 비밀번호가 틀리면, 경고 메시지가 출력되고 다시 입력을 요구받는다. 이것이 바로 조건에 따라 실행되는 코드가 달라지는 대표적인 예다.

입력 코드

```
age = 20

if age >= 18:
    print("성인입니다.")
```

출력 결과

```
성인입니다.
```

위의 입력 코드는 age 변수의 값이 20이므로 if age >= 18 조건이 참(True) 이 된다. 따라서 print("성인입니다.") 코드가 실행된다. 하지만 나이가 18세 미만이라면? 아무런 출력도 되지 않는다. 이를 해결하려면 if-else 문을 사용해야 한다.

2 조건문 사용법

2.1 if 문 - 단순 조건문

Python에서 가장 기본적인 조건문은 if 문이다. if 문은 주어진 조건이 참(True)일 경우에만 실행된다. 다음 코드는 if문의 기본 구조이다.

```
if 조건:
    실행할 코드
```

다음은 if문을 활용하여 시험 점수로 합격 여부를 판별하는 예제 코드이다.

입력 코드

```
score = 85

if score >= 60:
    print("시험에 합격하셨습니다!")
```

출력 결과

```
시험에 합격하셨습니다!
```

이 코드는 score 값이 60 이상이면 메시지를 출력한다. 하지만 점수가 60 미만일 경우에는 아무 동작도 하지 않는다. 점수가 60 미만이면 "불합격" 메시지를 출력하려면 if-else 문을 사용해야 한다.

2.2 if-else 문 – 조건이 참 또는 거짓일 때 다른 실행

조건이 참일 때와 거짓일 때 각각 다른 실행문을 수행해야 할 때에는 if-else 문을 사용한다. 다음 코드는 if-else문의 기본 구조이다.

```
if 조건:
    실행할 코드 (조건이 참일 경우)
else:
    실행할 코드 (조건이 거짓일 경우)
```

다음은 if-else문을 활용하여 시험 점수로 합격 여부를 판별하는 예제 코드이다.

입력 코드

```
score = 50

if score >= 60:
    print("합격입니다!")
else:
    print("불합격입니다.")
```

출력 결과

```
불합격입니다.
```

score가 50이므로 if 조건이 거짓(False) 이 되고, else 문이 실행된다.

2.3 if-elif-else 문 – 여러 개의 조건 검사

여러 개의 조건을 순차적으로 검사할 때는 if-elif-else 문을 사용한다. 다음 코드는 if-elif-else문의 기본 구조이다.

```
if 조건1:
    실행할 코드1
elif 조건2:
    실행할 코드2
elif 조건3:
    실행할 코드3
else:
    실행할 코드4
```

다음은 if-elif-else문을 활용하여 시험 점수로 학점을 부여하는 예제 코드이다.

입력 코드

```
score = 75

if score >= 90:
    print("A 학점입니다.")
elif score >= 80:
    print("B 학점입니다.")
elif score >= 70:
    print("C 학점입니다.")
else:
    print("F 학점입니다.")
```

출력 결과

```
C 학점입니다.
```

2.3 중첩 if 문 (Nested if Statement)

조건문 안에 또 다른 조건문을 포함할 수 있다.

다음은 중첩 if문을 활용하여 나이로 신분증 검사를 하는 예제 코드이다.

입력 코드

```
age = 20
has_id = True

if age >= 18:
    if has_id:
        print("입장이 가능합니다.")
    else:
        print("신분증을 지참하세요.")
else:
    print("입장 불가")
```

출력 결과

```
입장이 가능합니다.
```

3 Random 모듈 활용

일상 속에서 우리는 종종 무작위(random)한 상황을 마주한다. 예를 들어, 동전을 던지면 앞면이 나올 수도 있고, 뒷면이 나올 수도 있다. 복권 번호를 추첨할 때도 특정 숫자가 나올 확률이 동일하다. 게임을 할 때 적이 공격할지, 방어할지 결정하는 것도 무작위일 수 있다. 이처럼 무작위성은 현실 세계에서 중요한 역할을 하며, 이를 프로그래밍에서도 구현할 수 있다.

Python의 random 모듈을 활용하면 이러한 무작위 상황을 프로그래밍적으로 처리할 수 있다. 특히, 조건문과 결합하면 "랜덤한 요소에 따라 실행 결과가 달라지는 프로그램"을 만들 수 있다.

3.1 random 모듈 사용법

Python의 random 모듈을 사용하면 무작위 숫자 또는 값을 생성할 수 있다. 이를 활용하면 게임, 확률 계산, 데이터 샘플링 등의 프로그램을 쉽게 구현할 수 있다.

① 랜덤 정수 생성 : random.randint(a, b)

랜덤 정수를 생성하는 기본 코드는 random.randint(a, b)이며, 특정 범위 내에서 무작위 정수를 생성하는 방법이다. random.randint(a, b)는 a와 b 사이의 정수 중 하나를 무작위로 반환한다.

입력 코드

```
import random

num = random.randint(1, 10)  # 1부터 10 사이의 랜덤한 숫자
print("랜덤 숫자:", num)
```

출력 결과

```
랜덤 숫자: 7
```

랜덤으로 생성한 값을 출력하였기 때문에 실행할 때마다 출력 결과 값이 다르다. 랜덤 생성을 활용해서 주사위를 굴리는 프로그램이나 랜덤한 번호표를 생성하는 프로그램, 또는 게임에서 몬스터가 랜덤한 공격을 하도록 설정하는 경우를 프로그래밍 할 수 있다.

② 랜덤 요소 선택 : random.choice(리스트)

랜덤 요소를 선택하는 기본 코드는 random.choice(리스트)이며, 리스트에서 임의의 값을 무작위로 선택하는 방법이다. random.choice()는 리스트에서 임의의 값을 선택한다.

입력 코드

```
import random

colors = ["빨강", "파랑", "초록", "노랑"]
chosen_color = random.choice(colors)

print("선택된 색상:", chosen_color)
```

출력 결과

```
선택된 색상: 초록
```

랜덤 요소 선택하는 코드를 활용하면, 랜덤한 카드 한 장 뽑기나 랜덤한 상품 추천 시스템, 또는 게

임에서 랜덤한 이벤트 발생 등을 구현할 수 있다.

③ 리스트의 요소를 무작위로 섞기: random.shuffle(리스트)

랜덤 요소를 선택하는 기본 코드는 random.choice(리스트)이며, 리스트의 요소를 무작위로 섞고 싶을 때 사용한다. random.choice()는 리스트에서 임의의 값을 선택한다.

입력 코드

```
import random

numbers = [1, 2, 3, 4, 5]
random.shuffle(numbers)

print("섞인 리스트:", numbers)
```

출력 결과

```
섞인 리스트: [3, 1, 5, 2, 4]
```

위의 코드 결과도 실행할 때마다 다르게 출력된다. 리스트의 요소를 무작위로 섞는 코드를 활용하면 카드 섞기 프로그램이나 시험 문제 순서를 무작위로 섞기, 게임에서 적 캐릭터가 랜덤한 위치에 배치되도록 설정하는 내용을 구현할 수 있다.

3.2 random 모듈과 조건문 활용

random 모듈은 단순히 랜덤한 값을 생성하는 것뿐만 아니라, 조건문과 결합하면 더욱 흥미로운 프로그램을 만들 수 있다. 즉, 랜덤한 값을 생성하고, 그 값에 따라 다른 실행 결과를 출력하는 방식이다.

① 동전 던지기 게임

우리는 동전을 던지면 앞면이 나올 수도 있고, 뒷면이 나올 수도 있다. 이런 상황을 random.choice()와 if-else 조건문을 이용해 구현할 수 있다

입력 코드

```
import random

coin = random.choice(["앞면", "뒷면"])

print("동전을 던집니다...")
```

```
print("결과:", coin)

if coin == "앞면":
    print("축하합니다! 당신이 이겼습니다!")
else:
    print("아쉽네요. 다시 도전해보세요!")
```

출력 결과

```
동전을 던집니다...
결과: 앞면
축하합니다! 당신이 이겼습니다!
```

위의 코드 결과도 실행할 때마다 다르게 출력된다. 이 프로그램에서는 random.choice(["앞면", "뒷면"])을 사용해 동전의 앞면 또는 뒷면을 무작위로 선택하고 if 문을 이용해 "앞면"이 나왔을 때와 "뒷면"이 나왔을 때의 결과를 다르게 처리한다.

② 주사위 게임 (랜덤 숫자 활용)

우리는 주사위를 던지면 1부터 6까지의 숫자 중 하나가 나온다. 이제 random.randint(1, 6)을 활용해 주사위를 굴리는 프로그램을 만들어보자.

입력 코드

```
import random

dice = random.randint(1, 6)

print("주사위를 굴립니다...")
print("결과:", dice)

if dice == 6:
    print("축하합니다! 최고 점수입니다!")
elif dice >= 4:
    print("좋은 점수입니다!")
else:
    print("더 높은 점수를 노려보세요!")
```

```
출력 결과
주사위를 굴립니다...
결과: 6
축하합니다! 최고 점수입니다!
```

위의 코드 결과도 실행할 때마다 결과가 1에서 6까지 다르게 출력된다. 이 프로그램에서는 random.randint(1, 6)을 사용해 1~6 사이의 무작위 숫자를 선택하고 if-elif-else 문을 사용하여 주사위 값에 따라 다른 결과를 출력한다.

❐ 주요 개념 요약

1. 조건문이란?

조건문은 특정 조건을 만족할 때만 실행되는 코드 블록이다.

즉, 프로그램이 입력된 데이터나 상황에 따라 다르게 동작할 수 있도록 한다.

현실 속의 선택을 프로그래밍적으로 표현하는 데 필수적인 요소이다.

2. Python에서 조건문 사용법

- if 문: 특정 조건이 참(True)일 때만 실행
- if-else 문: 조건이 참이면 A 실행, 거짓이면 B 실행
- if-elif-else 문: 여러 개의 조건을 순차적으로 검사하여 실행
- 중첩 if 문: 조건문 안에 또 다른 조건문을 포함하여 여러 단계로 판단
- random 모듈 활용: 랜덤한 요소를 추가하여 확률적 조건을 처리

3. 조건문과 random 모듈 활용

- random.randint(a, b): a와 b 사이의 랜덤한 정수 생성
- random.choice(리스트): 리스트에서 무작위로 하나의 요소 선택
- random.shuffle(리스트): 리스트의 순서를 무작위로 섞기

실습과제

01 성인 판별 프로그램

사용자로부터 나이를 입력받아, 18세 이상이면 "성인입니다." 18세 미만이면 "미성년자입니다."를 출력하는 프로그램을 작성하시오.

02 [시험 성적 평가] 학점 부여 시스템

사용자로부터 점수를 입력받아 학점을 출력하는 프로그램을 작성하시오. 90점 이상이면 "A 학점", 80점 이상은 "B 학점", 70점 이상은 "C 학점", 60점 이상은 "D 학점", 60점 미만은 "F 학점"이다.

03 [로그인 시스템] 아이디와 비밀번호 검증

미리 저장된 아이디("admin")와 비밀번호("1234")가 있다. 사용자가 입력한 아이디와 비밀번호가 맞으면 "로그인 성공" 출력하고, 틀리면 "로그인 실패" 출력한다.

04 [랜덤 숫자 맞추기 게임]

컴퓨터가 1~10 사이의 랜덤한 숫자를 생성한다. 사용자가 숫자를 입력하면 맞췄는지 여부를 출력한다. 사용자가 입력한 숫자와 컴퓨터의 숫자가 같으면 "축하합니다! 숫자를 맞췄습니다!"를 출력한다. 다르면 "아쉽네요! 정답은 X였습니다."를 출력한다.

05 [랜덤한 날씨 예측 시스템]

random.choice()를 사용하여 "맑음", "흐림", "비", "눈" 중 하나를 선택한다. 사용자에게 "오늘의 날씨를 예측하세요 (맑음/흐림/비/눈): " 입력을 요청한다. 예측이 맞으면 "정확합니다! 오늘 날씨는 [예측값]입니다."를 출력한다. 틀리면 "아쉽네요. 실제 날씨는 [랜덤 선택된 날씨]입니다."를 출력한다.

06 [가위바위보 게임] (랜덤 + 조건문 활용)

사용자와 컴퓨터가 가위바위보를 진행하는 게임을 작성하시오. 사용자는 "가위", "바위", "보" 중 하나를 입력한다. 컴퓨터도 "가위", "바위", "보" 중 하나를 랜덤하게 선택한다. 결과를 출력한다.

정답코드

01 성인 판별 프로그램

```
age = int(input("나이를 입력하세요: "))

if age >= 18:
    print("성인입니다.")
else:
    print("미성년자입니다.")
```

02 학점 부여 시스템

```
score = int(input("점수를 입력하세요: "))

if score >= 90:
    print("A 학점")
elif score >= 80:
    print("B 학점")
elif score >= 70:
    print("C 학점")
elif score >= 60:
    print("D 학점")
else:
    print("F 학점")
```

03 로그인 시스템

```
stored_id = "admin"
stored_pw = "1234"

input_id = input("아이디: ")
input_pw = input("비밀번호: ")
```

```
if input_id == stored_id and input_pw == stored_pw:
    print("로그인 성공")
else:
    print("로그인 실패")
```

04 랜덤 숫자 맞추기 게임

```
import random

random_number = random.randint(1, 10)
user_number = int(input("숫자를 입력하세요 (1~10): "))

if user_number == random_number:
    print("축하합니다! 숫자를 맞췄습니다!")
else:
    print(f"아쉽네요! 정답은 {random_number}였습니다.")
```

05 랜덤한 날씨 예측 시스템

```
import random

weather = random.choice(["맑음", "흐림", "비", "눈"])
user_guess = input("오늘의 날씨를 예측하세요 (맑음/흐림/비/눈): ")

if user_guess == weather:
    print(f"정확합니다! 오늘 날씨는 {weather}입니다.")
else:
    print(f"아쉽네요. 실제 날씨는 {weather}입니다.")
```

06 가위바위보 게임

```
import random

choices = ["가위", "바위", "보"]
computer_choice = random.choice(choices)  # 컴퓨터가 랜덤으로 선택

user_choice = input("가위, 바위, 보 중 하나를 입력하세요: ")

print(f"사용자 선택: {user_choice}")
print(f"컴퓨터 선택: {computer_choice}")

if user_choice == computer_choice:
    print("비겼습니다!")
elif (user_choice == "가위" and computer_choice == "보") or \
     (user_choice == "바위" and computer_choice == "가위") or \
     (user_choice == "보" and computer_choice == "바위"):
    print("사용자가 이겼습니다! □")
else:
    print("컴퓨터가 이겼습니다! □")
```

CHAPTER 04

반복의 아름다움: 리듬과 패턴

우리는 반복되는 행동을 하며 살아간다. 매일 아침 일어나면 세수를 하고, 이를 닦고, 옷을 입는다. 운동을 할 때도 같은 동작을 여러 번 반복하며 근력을 키운다. 학교에서는 매주 정해진 시간에 수업을 듣고, 일정한 순서로 문제를 푼다. 이처럼 우리의 삶은 반복되는 패턴으로 이루어져 있다.

프로그래밍에서도 같은 동작을 여러 번 실행해야 하는 경우가 많다. 예를 들어, 학생 100명의 시험 점수를 입력받아 평균을 구하는 프로그램을 만들려면, 같은 입력 과정을 100번 반복해야 한다. 1부터 100까지의 숫자를 더하는 프로그램을 만든다면, 같은 덧셈 과정을 반복해야 한다. 게임에서 적군이 계속 생성되도록 하려면, 같은 행동을 일정한 규칙에 따라 반복해야 한다.

이처럼 반복되는 동작을 효율적으로 실행하는 기능이 필요하며, 이를 위해 Python에서는 반복문(Loop Statement) 을 제공한다.

1 반복문의 기본 구조 : for, while

1.1 반복문의 필요성

프로그래밍에서 같은 동작을 여러 번 실행하려면, 반복문 없이 하나하나의 코드를 직접 작성하는 것이 가능하지만, 비효율적이고 코드가 길어지는 문제가 발생한다. 예를 들어, 1부터 5까지의 숫자를 출력하는 프로그램을 만들려고 한다.

반복문을 사용하지 않으면 아래처럼 코드를 작성해야 한다.

```
print(1)
print(2)
print(3)
print(4)
print(5)
```

이제 100까지 출력해야 한다면? 100줄의 print() 문을 작성해야 할까? 이런 문제를 해결하는 것이 바로 반복문이다. 반복문을 사용하면 같은 동작을 단 몇 줄의 코드로 간결하게 작성할 수 있다.

```
for i in range(1, 6):
    print(i)
```

이제 반복문을 활용하여 같은 동작을 손쉽게 반복 실행할 수 있다.

1.2 for 반복문

for 문은 정해진 횟수만큼 반복할 때 사용하는 반복문이다. 보통 리스트, 튜플, 문자열 등의 요소를 하나씩 순회하거나, 특정 범위 내에서 반복 실행할 때 사용한다. 다음은 for 반복문의 기본 구조이다.

```
for 변수 in 반복할 범위:
    실행할 코드
```

아래 코드는 1부터 5까지 숫자 출력하기 예제이다.

입력 코드

```
for i in range(1, 6):
    print(i)
```

출력 결과

```
1
2
3
4
5
```

위 코드에서 for 문이 하는 일은 range(1, 6)은 1부터 5까지의 숫자를 생성한다. for i in range(1, 6)에서 i가 1부터 5까지 순차적으로 증가하며 반복문 실행한다. 마지막으로 print(i)가 실행되면서 각 숫자가 한 줄씩 출력한다.

다른 예제를 살펴보자. 아래 코드는 리스트라는 복합 자료형을 활용하여 출력하는 예제이다.

입력 코드

```
fruits = ["사과", "바나나", "체리"]

for fruit in fruits:
    print(fruit)
```

출력 결과

```
사과
바나나
체리
```

위 코드에서 for 문이 하는 일은 fruits 리스트의 요소를 하나씩 가져와 fruit 변수에 저장하고 각 요소가 print(fruit)을 통해 출력한다.

1.3 while 반복문

while 문 않고은 특정 조건이 만족될 때까지 계속 반복하는 반복문이다. 즉, 반복 횟수가 정해져 있지, 조건이 참(True)인 동안 계속 실행된다. while 반복문의 기본 구조는 다음과 같다.

```
while 조건:
    실행할 코드
```

while 반복문으로 1부터 5까지 출력하는 예제를 살펴보자.

입력 코드

```
i = 1

while i <= 5:
    print(i)
    i += 1  # i 값을 1씩 증가시켜 조건이 언젠가 거짓이 되도록 함
```

출력 결과

```
1
2
3
4
5
```

위 코드에서 while 문이 하는 일은 i = 1로 시작하고 while i <= 5에서 i가 5 이하일 동안 반복 실행한다. print(i) 실행 후 i += 1을 통해 i 값이 증가하여 i 값이 6이 되면 조건이 거짓(False)이 되어 반복문 종료한다.

이번에는 while 반복문으로 사용자 입력을 받을 때까지 반복하는 예제를 살펴보자.

입력 코드

```
user_input = ""

while user_input != "종료":
    user_input = input("입력하세요 ('종료'를 입력하면 끝납니다): ")

print("프로그램이 종료되었습니다.")
```

출력 결과

```
입력하세요 ('종료'를 입력하면 끝납니다): 안녕하세요
입력하세요 ('종료'를 입력하면 끝납니다): Python
입력하세요 ('종료'를 입력하면 끝납니다): 종료
프로그램이 종료되었습니다.
```

위 코드에서 while 문이 하는 일은 user_input을 빈 문자열("")로 초기화하고 사용자가 "종료"를 입력할 때까지 계속 입력을 받는다. 사용자가 "종료"를 입력하면 반복문이 종료된다.

1.4 for vs while 차이점

다음 표는 for문과 while문의 목적과 특징으로 차이점을 나타낸다.

반복문 종류	사용 목적	특징
for문	정해진 횟수만큼 반복할 때	range()나 리스트 등 반복 가능한 객체 활용
while문	조건이 참(True)인 동안 반복할 때	종료 조건을 명확하게 설정해야 함

예제를 통해 두 방식을 비교해보자.

```
# for 문 사용 (정해진 횟수 반복)
for i in range(5):
    print("Hello, Python!")

# while 문 사용 (조건이 참일 동안 반복)
count = 0
while count < 5:
    print("Hello, Python!")
    count += 1
```

위 코드에서 for 문은 반복 횟수를 알고 있을 때 사용하고 while 문은 언제 종료될지 모르는 상황에서 사용한다는 것을 알 수 있다.

for 문은 정해진 횟수만큼 반복할 때 사용하고, while 문은 특정 조건이 만족될 때까지 반복할 때 사용한다. 또한 for 문은 리스트, 튜플, range() 함수와 함께 사용하기 적합하며, while 문은 종료 조건을 명확하게 설정해야 한다.

2 range 함수 활용

프로그래밍에서 반복문을 사용할 때, 일정한 범위 내에서 반복을 실행하는 경우가 많다. 예를 들어, "1부터 10까지의 숫자를 출력하라", "0부터 100까지 5씩 증가하며 반복하라" 와 같은 명령을 내릴 때, Python에서는 range() 함수를 활용할 수 있다.

2.1 range()함수란?

range() 함수는 특정한 범위의 숫자들을 생성하는 함수다. 이 숫자들은 for 문과 함께 사용되어 정해진 횟수만큼 반복하는 데 활용된다. range()함수의 기본 구조는 다음과 같다.

```
range(시작, 끝, 증가값)
```

시작(start)은 반복을 시작할 숫자를 의미하며, 아무 것도 쓰지 않는 경우 기본 값은 0이다. 끝(stop)은 반복을 끝낼 숫자를 작성하면 되며, 기본 값이 없으므로 꼭 작성해야한다. 증가값(step)은 숫자가 증가하는 간격을 의미하며, 기본 값은 1이다.

2.2 range()함수의 다양한 활용 방법

① range(n) : 0부터 n–1까지 반복

시작과 증가값에 아무 값도 지정하지 않으면 기본 값이 지정되어 0부터 시작하여 n-1까지 1씩 증가하는 숫자를 생성한다.

입력 코드

```
for i in range(5):  # 0부터 4까지 반복
    print(i)
```

출력 결과

```
0
1
2
3
4
```

위 코드에서 range(5)는 [0, 1, 2, 3, 4]와 같은 숫자 리스트를 생성한다. 따라서 for 문에서 i 변수는 0부터 4까지 차례로 값을 받게 된다.

② range(start, stop): 특정 범위의 숫자 반복

시작 값과 종료 값을 작성하고 증가값에 아무 값도 지정하지 않으면 시작 값과 (종료 값-1)범위 내에서 1씩 증가하는 숫자를 생성한다.

입력 코드

```
for i in range(2, 7):  # 2부터 6까지 출력
    print(i)
```

출력 결과

```
2
3
4
```

```
5
6
```

위 코드에서 range(2, 7)은 [2, 3, 4, 5, 6]을 생성한다. 마지막 숫자(stop)는 포함되지 않는다.

③ range(start, stop, step): 증가값 지정

이 코드는 시작, 종료, 증가 값을 모두 작성한 경우로 반복할 때 숫자의 증가값을 설정할 수도 있다.

입력 코드

```
for i in range(1, 10, 2):  # 1부터 9까지 2씩 증가
    print(i)
```

출력 결과

```
1
3
5
7
9
```

위 코드에서 range(1, 10, 2)는 [1, 3, 5, 7, 9]을 생성한다. 각 숫자가 2씩 증가하면서 반복된다.

④ range()를 이용한 감소 반복 (step이 음수일 때)

step 값을 음수로 설정하면 숫자가 감소하는 방향으로 반복할 수 있다.

입력 코드

```
for i in range(10, 0, -2):  # 10부터 1까지 2씩 감소
    print(i)
```

출력 결과

```
10
8
6
4
2
```

위 코드에서 step을 -2로 설정하여 반복할 때마다 숫자가 2씩 감소한다. 종료 숫자(stop)인 0은 포함되지 않는다.

⑤ range()와 리스트 활용 : 리스트의 인덱스를 활용한 반복문

리스트의 요소를 for 문으로 순회할 수도 있지만, 인덱스를 사용하여 리스트의 각 요소에 접근하는 것이 필요할 때도 있다. 이때 range()를 활용할 수 있다.

입력 코드

```
fruits = ["사과", "바나나", "체리"]

for i in range(len(fruits)):  # 리스트의 길이만큼 반복
    print(f"{i + 1}번째 과일: {fruits[i]}")
```

출력 결과

```
1번째 과일: 사과
2번째 과일: 바나나
3번째 과일: 체리
```

위 코드에서 range(len(fruits))는 리스트의 인덱스를 생성하는 역할을 한다. 리스트의 길이가 3이므로, range(3)은 [0, 1, 2]가 된다. 이를 활용하여 fruits[i]로 각 과일을 출력할 수 있다.

⑥ range()를 활용한 합 계산

1부터 100까지의 합을 구하는 프로그램을 작성해보자. range()를 활용하면 단 한 줄로 쉽게 해결할 수 있다.

입력 코드

```
total = 0

for i in range(1, 101):  # 1부터 100까지 더하기
    total += i

print("1부터 100까지의 합:", total)
```

출력 결과

```
1부터 100까지의 합: 5050
```

위 코드에서 range(1, 101)은 1부터 100까지의 숫자를 생성한다. for 문을 사용해 total 변수에 각 숫자를 더해 최종 합을 계산한다.

⑦ 짝수만 출력하기 (range() + 조건문 활용)

1부터 20까지의 숫자 중 짝수만 출력하는 프로그램을 만들어보자. range()와 if 문을 함께 활용하면 간단히 해결할 수 있다.

입력 코드

```
for i in range(1, 21):  # 1부터 20까지 반복
    if i % 2 == 0:  # 짝수인지 판별
        print(i)
```

출력 결과

```
2
4
6
8
10
12
14
16
18
20
```

위 코드에서 i % 2 == 0을 활용하여 짝수인 경우에만 print(i)를 실행한다. range(2, 21, 2)를 사용하면 더 간결하게 표현할 수도 있다.

⑧ range()를 활용한 역순 반복 (거꾸로 세기)

10부터 1까지 거꾸로 출력하는 프로그램을 만들어보자. step 값을 -1로 설정하면 역순으로 반복할 수 있다.

입력 코드

```
for i in range(10, 0, -1):  # 10부터 1까지 감소
    print(i)
```

출력 결과

```
10
9
8
7
6
5
4
3
2
1
```

위 코드에서 range(10, 0, -1)을 사용하여 숫자가 1씩 감소하도록 설정했다.

range()함수의 활용법을 정리해보자. range(n)는 0부터 n-1까지 반복하고, range(start, stop)는 start부터 stop-1까지 반복한다. range(start, stop, step)는 start부터 stop-1까지 step 간격으로 반복하고 range(len(리스트))는 리스트의 인덱스를 활용한 반복이 가능하다. 이렇듯 range()를 활용하면 반복문을 더욱 효율적으로 작성할 수 있다.

3 break와 continue로 흐름 제어

반복문을 사용하면 특정 동작을 여러 번 실행할 수 있다. 하지만 때때로 반복을 중간에 멈추거나, 특정 조건에서는 반복을 건너뛰고 싶을 때가 있다. 예를 들어, ATM에서 연속해서 3번 비밀번호를 틀리면, 계정이 잠기도록 하려는 경우나 숫자 목록을 탐색하다가 특정 숫자를 찾으면 더 이상 검색하지 않도록 하려는 경우, 또한 짝수만 출력하는 프로그램에서 홀수는 건너뛰고 싶은 경우가 있다. 이처럼 반복문을 좀 더 유연하게 제어하기 위해 Python은 break와 continue 문을 제공한다.

3.1 break 문 : 반복문 강제 종료

break 문은 반복문 실행 도중 특정 조건이 만족되면 반복을 즉시 종료하는 역할을 한다. 즉, break를 만나면 반복문을 빠져나가고 이후의 코드가 실행되지 않는다. break 문을 사용하는 방법을 예제를 통해 알아보자.

입력 코드

```
for i in range(1, 11):  # 1부터 10까지 반복
    print(i)
    if i == 5:  # i가 5가 되면 반복문 종료
        break
```

출력 결과

```
1
2
3
4
5
```

위 코드에서 i가 5일 때 if i == 5: 조건이 참(True)이 되어 break가 실행된다. break가 실행되면 반복문이 강제 종료되며, 6부터 10까지는 출력되지 않는다. 이번에는 while문에서 break를 사용하는 방법을 알아보자. 아래 코드는 사용자가 "종료"라고 입력하면 반복을 멈춘다.

입력 코드

```
while True:  # 무한 반복
    user_input = input("입력하세요 ('종료'를 입력하면 끝납니다): ")
    if user_input == "종료":
        break  # 종료 조건을 만나면 반복 종료
    print(f"입력값: {user_input}")
```

출력 결과

```
입력하세요 ('종료'를 입력하면 끝납니다): 안녕하세요
입력값: 안녕하세요
입력하세요 ('종료'를 입력하면 끝납니다): Python
입력값: Python
입력하세요 ('종료'를 입력하면 끝납니다): 종료
```

리스트를 활용한 for문에서 리스트에 원하는 값이 있는지 찾다가, 값을 발견하면 반복을 멈추는 프로그램을 만들어보자.

입력 코드

```
numbers = [10, 20, 30, 40, 50, 60]

for num in numbers:
    print(f"검사 중: {num}")
    if num == 40:  # 40을 찾으면 중단
        print("40을 발견했습니다! 반복을 종료합니다.")
        break
```

출력 결과

```
검사 중: 10
검사 중: 20
검사 중: 30
검사 중: 40
40을 발견했습니다! 반복을 종료합니다.
```

3.2 continue 문 : 특정 반복만 건너뛰기

continue 문은 반복문 실행 중 특정 조건에서 남은 코드를 실행하지 않고 다음 반복으로 건너뛰는 역할을 한다. 즉, continue를 만나면 현재 반복을 즉시 종료하고, 다음 반복을 시작한다. continue 문을 사용하는 방법을 예제를 통해 알아보자.

입력 코드

```
for i in range(1, 6):
    if i == 3:
        continue  # i가 3이면 print 실행 없이 다음 반복으로 건너뜀
    print(i)
```

출력 결과

```
1
2
4
5
```

위 코드에서 i == 3일 때 continue가 실행되어 print(i)를 건너뛰고 다음 반복으로 진행하고 3은 출력되지 않는다. 이번에는 continue를 활용해서 짝수만 출력해보자. 1부터 10까지의 숫자 중 홀수는

출력하지 않고 짝수만 출력하는 프로그램을 만들어보자.

입력 코드

```
for i in range(1, 11):
    if i % 2 == 1:  # 홀수인 경우 건너뛰기
        continue
    print(i)
```

출력 결과

```
2
4
6
8
10
```

위 코드에서 i % 2 == 1이 참(True)이면 continue가 실행되어 print(i)를 건너뛰고 다음 숫자로 진행되어 결국 짝수만 출력된다. 그렇다면 continue를 활용하여 특정 단어를 제외할 수 있을까? 사용자가 "건너뛰기"를 입력하면 해당 입력을 출력하지 않고, 다른 입력은 출력하는 프로그램을 만들어보자.

입력 코드

```
while True:
    user_input = input("입력하세요 ('종료' 입력 시 종료): ")

    if user_input == "종료":
        break  # 종료 조건

    if user_input == "건너뛰기":
        continue  # '건너뛰기'는 출력하지 않고 다음 입력 요청

    print(f"입력값: {user_input}")
```

출력 결과

```
입력하세요 ('종료' 입력 시 종료): 안녕하세요
입력값: 안녕하세요
입력하세요 ('종료' 입력 시 종료): 건너뛰기
입력하세요 ('종료' 입력 시 종료): Python
입력값: Python
입력하세요 ('종료' 입력 시 종료): 종료
```

위 코드에서 "건너뛰기"를 입력하면 continue 실행, 이후 print(f"입력값: {user_input}")은 실행되지 않는다. "건너뛰기"가 입력된 경우 해당 입력을 무시하고 새로운 입력을 요청한다.

3.3 break vs continue 차이점

break와 continue를 정리해서 차이점을 알아보자.

제어문 종류	기능	반복문에서의 동작
break	반복문 즉시 종료	break를 만나면 반복문 자체가 종료됨
continue	특정 반복만 건너뛰기	continue를 만나면 이후 코드를 실행하지 않고 다음 반복으로 이동

이번에는 break와 continue를 예제를 통해 차이점을 알아보자.

입력 코드

```
for i in range(1, 6):
    if i == 3:
        break  # 3이 나오면 반복문 종료
    print(f"break 사용: {i}")

print("----------------")

for i in range(1, 6):
    if i == 3:
        continue  # 3만 건너뛰고 다음 반복 실행
    print(f"continue 사용: {i}")
```

출력 결과

```
break 사용: 1
break 사용: 2
----------------
continue 사용: 1
continue 사용: 2
continue 사용: 4
continue 사용: 5
```

break 문은 반복문을 즉시 종료하고 continue 문은 특정 조건만 건너뛰고 반복문 계속 진행된다. break 문은 반복문을 강제 종료하는 역할이며, continue 문은 특정 조건에서 반복문의 나머지 부분을 건너뛰고 다음 반복 실행한다. break는 while과 함께 자주 사용되어 사용자 입력을 통한 종료 조건을 설정하는 것이 가능하다. continue는 리스트 탐색, 입력 필터링 등에 사용되어 원치 않는 값을 건너뛸 때 유용하게 사용된다.

❐ 주요 개념 요약

1. 반복문이란?

- 반복문(Loop Statement)은 동일한 동작을 여러 번 수행할 수 있도록 해주는 문법이다.
- 반복문을 활용하면 코드를 간결하게 작성하고 실행 효율을 높일 수 있다.
- Python에서는 for 문과 while 문을 통해 반복 작업을 수행할 수 있다.

2. for 문

- for 문은 정해진 횟수만큼 반복할 때 사용한다.
- 리스트, 튜플, 문자열 등의 반복 가능한(iterable) 데이터 구조를 순회하는 데 적합하다.
- range() 함수와 함께 사용하면 일정한 범위 내에서 반복할 수 있다.

3. while 문

- while 문은 특정 조건이 참(True)인 동안 반복할 때 사용한다.
- for 문과 달리 반복 횟수가 미리 정해지지 않은 경우에 적합하다.
- while 문을 사용할 때는 반복이 끝날 조건을 명확히 설정해야 한다.

4. range() 함수 활용

- range() 함수는 정해진 범위의 숫자들을 생성하여 반복문에서 사용할 수 있도록 해준다.
- 기본적인 형태는 range(start, stop, step)이며, 시작 값, 종료 값, 증가값을 지정할 수 있다.
- range()를 활용하면 일정한 규칙에 따라 반복을 수행할 수 있어 코드가 간결해진다.

5. break 문: 반복문 즉시 종료

- break 문은 반복문 실행 도중 특정 조건이 만족되면 반복을 강제 종료하는 역할을 한다.
- for 문과 while 문에서 모두 사용 가능하며, 반복을 중단하고 다음 코드로 진행한다.
- while 문과 함께 사용하면 특정 조건에서 사용자 입력을 통해 프로그램을 종료할 수도 있다.

6. continue 문: 특정 반복만 건너뛰기

- continue 문은 반복문 실행 중 특정 조건에서 나머지 코드를 실행하지 않고 다음 반복으로 이동하는 역할을 한다.
- 특정 값 또는 특정 조건을 제외하고 반복문을 실행해야 할 때 유용하다.
- for 문과 while 문에서 모두 사용할 수 있으며, 특정 반복을 건너뛰고 계속 실행하도록 만든다.

7. break vs continue 차이점

- break 문은 반복문을 즉시 종료한다.
- continue 문은 반복문의 특정 반복만 건너뛰고 다음 반복을 계속 진행한다.
- break는 반복문 전체를 멈추지만, continue는 현재 반복만 건너뛰고 다음 반복을 실행한다.

8. 반복문의 활용 예시

- for 문은 리스트 순회, 특정 범위 내 반복, 정해진 횟수 반복 등에 활용된다.
- while 문은 사용자 입력을 받을 때, 특정 조건이 만족될 때까지 반복할 때 유용하다.
- range()를 활용하면 일정한 간격을 유지하며 반복을 수행할 수 있다.
- break와 continue 문을 활용하면 반복문의 흐름을 세밀하게 제어할 수 있다.

실습과제

01 1부터 10까지 출력하는 프로그램을 작성하시오. for 문을 사용하여 1부터 10까지 출력하고 while 문을 사용하여 같은 결과를 출력하는 코드도 작성하시오.

02 1부터 20까지의 숫자 중 짝수만 출력하는 프로그램을 작성하시오. for 문을 사용하여 짝수를 출력하고 continue 문을 활용하여 홀수를 건너뛰는 방식으로도 구현해 보시오.

03 1부터 100까지의 합을 계산하는 프로그램을 작성하시오. for 문을 사용하여 1부터 100까지의 합을 출력하고 while 문을 사용하여 같은 결과를 출력하는 코드도 작성하시오.

04 사용자로부터 숫자를 입력받아 해당 단의 구구단을 출력하는 프로그램을 작성하시오. for 문을 사용하여 구구단을 출력하고 while 문을 사용하여 같은 결과를 출력하는 코드도 작성하시오.

05 숫자 찾기 게임을 구현해보자. 컴퓨터가 1부터 50 사이의 랜덤한 숫자를 하나 선택한다. 사용자는 숫자를 입력하면서 컴퓨터의 숫자를 맞혀야 한다. 입력한 숫자가 정답보다 크면 "더 작은 숫자를 입력하세요" 출력한다. 입력한 숫자가 정답보다 작으면 "더 큰 숫자를 입력하세요" 출력한다. 정답을 맞히면 "축하합니다! 정답입니다!" 출력하고 프로그램 종료한다.

06 아이디와 비밀번호를 검증하는 로그인 시스템을 구현해보자. 미리 저장된 아이디("admin")와 비밀번호("1234")가 있다. 사용자가 입력한 아이디와 비밀번호가 맞으면 "로그인 성공" 출력한다. 틀리면 "로그인 실패" 출력하고 비밀번호를 3번 틀리면 "계정이 잠겼습니다."를 출력하고 프로그램 종료한다.

07 ATM 시스템을 구현해보자. 초기 계좌 잔액이 10000원인 상태에서, 사용자가 입금과 출금을 선택하여 잔액을 갱신하는 프로그램을 작성하시오. "1. 입금"을 선택하면 금액을 입력받아 계좌 잔액에 추가한다. "2. 출금"을 선택하면 금액을 입력받아 계좌 잔액에서 차감한다. "3. 종료"를 선택하면 프로그램 종료한다.

정답코드

01 부터 10까지 출력

```
# for 문 사용
for i in range(1, 11):
    print(i)

# while 문 사용
i = 1
while i <= 10:
    print(i)
    i += 1
```

02 짝수 출력

```
# for 문 사용
for i in range(2, 21, 2):
    print(i)

# continue 사용
for i in range(1, 21):
    if i % 2 == 1:
        continue
    print(i)
```

03 1부터 100까지 합

```
# for 문 사용
total = 0
for i in range(1, 101):
    total += i
print("1부터 100까지의 합:", total)

# while 문 사용
total, i = 0, 1
while i <= 100:
    total += i
    i += 1
print("1부터 100까지의 합:", total)
```

04 구구단 출력

```
num = int(input("출력할 구구단 단수를 입력하세요: "))

# for 문 사용
for i in range(1, 10):
    print(f"{num} x {i} = {num * i}")

# while 문 사용
i = 1
while i < 10:
    print(f"{num} x {i} = {num * i}")
    i += 1
```

05 숫자 찾기 게임

```
import random

# 1~50 사이의 랜덤한 숫자 선택
target_number = random.randint(1, 50)

while True:
    user_guess = int(input("숫자를 입력하세요 (1~50): "))

    if user_guess > target_number:
        print("더 작은 숫자를 입력하세요.")
    elif user_guess < target_number:
        print("더 큰 숫자를 입력하세요.")
    else:
        print("축하합니다! 정답입니다!")
        break  # 정답을 맞히면 반복 종료
```

06 로그인 시스템

```
stored_id = "admin"
stored_pw = "1234"
attempts = 0  # 비밀번호 입력 횟수

while attempts < 3:
    input_id = input("아이디: ")
    input_pw = input("비밀번호: ")

    if input_id == stored_id and input_pw == stored_pw:
        print("로그인 성공")
        break  # 로그인 성공 시 반복 종료
    else:
        print("로그인 실패")
        attempts += 1  # 실패 횟수 증가

if attempts == 3:
    print("계정이 잠겼습니다.")
```

07 ATM 시스템

```
balance = 10000  # 초기 잔액 설정

while True:
    print("\n===== ATM 시스템 =====")
    print("1. 입금")
    print("2. 출금")
    print("3. 종료")
    choice = input("원하는 작업을 선택하세요: ")

    if choice == "1":  # 입금 처리
        amount = int(input("입금할 금액을 입력하세요: "))
        balance += amount
        print(f"{amount}원이 입금되었습니다. 현재 잔액: {balance}원")

    elif choice == "2":  # 출금 처리
        amount = int(input("출금할 금액을 입력하세요: "))
        if amount > balance:
            print("잔액이 부족합니다.")
        else:
            balance -= amount
            print(f"{amount}원이 출금되었습니다. 현재 잔액: {balance}원")

    elif choice == "3":  # 프로그램 종료
        print("ATM 시스템을 종료합니다.")
        break

    else:
        print("잘못된 입력입니다. 다시 선택하세요.")
```

CHAPTER

05 함수와 모듈: 문제를 푸는 설계자

프로그래밍에서 가장 중요한 개념 중 하나는 코드를 효율적으로 구조화하고 재사용할 수 있는 방법을 찾는 것이다. 반복문을 사용하면 같은 동작을 여러 번 실행할 수 있지만, 때로는 특정 기능을 독립적인 단위로 분리하여 관리하는 것이 필요하다. 이러한 필요성에서 함수(Function)라는 개념이 등장한다.

함수는 어떤 입력을 받아 특정 작업을 수행한 후 결과를 반환하는 코드 블록이다. 우리는 일상 속에서도 수많은 "함수"를 사용한다. 스마트폰에서 "전화 걸기" 버튼을 누르면 특정 번호로 연결하는 함수가 실행된다. 온라인 쇼핑몰에서 "장바구니 담기"를 누르면 해당 상품이 장바구니 리스트에 추가된다. 계산기에서 "더하기" 버튼을 누르면 두 수를 더하는 함수가 실행된다.

즉, 함수는 특정 동작을 수행하는 독립적인 코드 블록이며, 이를 활용하면 코드를 재사용하고, 유지보수하기 쉬운 프로그램을 만들 수 있다.

Python에서는 함수를 직접 정의하여 사용할 수 있으며, 이미 만들어진 표준 함수와 여러 기능을 제공하는 모듈(Module) 도 활용할 수 있다. 지금까지 사용했었던 print(), input(), len(), sum() 등은 Python이 기본적으로 제공하는 함수이다. math.sqrt(4), random.randint(1, 10) 등은 Python의 내장 모듈을 불러와서 사용하는 함수이다. 이제부터 Python에서 함수를 정의하고 활용하는 방법을 자세히 살펴보자!

1 함수 정의와 호출

1.1 함수가 필요한 이유

프로그래밍을 하다 보면 같은 기능을 여러 번 반복적으로 사용해야 하는 경우가 많다. 예를 들어, 두 숫자를 더하는 프로그램을 작성한다고 가정하자.

```
print(3 + 5)
print(10 + 20)
print(7 + 2)
```

위처럼 직접 연산을 수행해도 되지만, 코드의 재사용성이 떨어지고 유지보수가 어렵다. 만약 더하기 연산을 수십 번 해야 한다면, 모든 코드를 일일이 작성해야 할까? 이런 문제를 해결하기 위해 Python에서는 함수(Function) 를 사용한다. 함수를 사용하면 같은 기능을 필요할 때마다 호출하여 사용할 수 있어 코드가 훨씬 효율적이고 가독성이 좋아진다.

1.2 함수란 무엇인가?

함수(Function)는 특정 작업을 수행하는 독립적인 코드 블록이다. 입력(Input)을 받아 특정 작업을 수행한 후 결과를 반환(Output)할 수 있다. 코드를 모듈화(Modularization)하여 재사용 가능하게 만든다. 복잡한 프로그램을 작은 단위로 나누어 관리할 수 있다.

함수를 정의해보자. Python에서 함수를 정의하려면 def 키워드를 사용한다. 함수의 기본 구조는 다음과 같다.

```
def 함수이름(매개변수1, 매개변수2, ...):
    실행할 코드
    return 반환값  # (선택 사항)
```

간단한 함수를 정의하고 호출해보자.

입력 코드

```
def greet():
    print("안녕하세요!")

greet()  # 함수 호출
```

출력 결과

```
안녕하세요!
```

def greet(): 코드는 greet라는 함수를 정의를 정의한다. print("안녕하세요!") 는 함수가 실행될 때 출력할 내용이며, greet()는 정의한 함수를 호출하여 실행하는 코드이다.

함수는 정의된 후 반드시 호출해야 실행된다. 함수를 호출할 때는 함수 이름과 함께 괄호 ()를 붙여야 한다.

입력 코드

```
def say_hello():
    print("Hello, Python!")

say_hello() # 함수 호출
say_hello() # 함수 호출
```

출력 결과

```
Hello, Python!
Hello, Python!
```

say_hello()를 호출하면 해당 함수 내부의 코드가 실행된다. 호출하는 위치에 호출하는 만큼 함수가 실행된다.

2 매개변수와 반환값

2.1 매개변수란?

함수는 입력값을 받을 수 있으며, 이 값을 "매개변수(Parameter)"라고 한다. 매개변수를 사용하면 다양한 값을 처리할 수 있는 유연한 함수를 만들 수 있다.

입력 코드

```
def greet(name):
    print(f"안녕하세요, {name}님!")

greet("철수")
greet("영희")
```

출력 결과

```
안녕하세요, 철수님!
안녕하세요, 영희님!
```

name 매개변수를 사용하여 다른 이름을 인자로 전달할 수 있다.

2.2 여러 개의 매개변수 사용하기

매개변수는 함수 내에 여러 개를 사용할 수 있다.

입력 코드

```
def add(a, b):
    print(f"두 수의 합: {a + b}")

add(3, 5)
add(10, 20)
```

출력 결과

```
두 수의 합: 8
두 수의 합: 30
```

위 코드에서는 add 함수에서 a와 b라는 두 개의 매개변수를 사용하여 다양한 값의 덧셈을 수행한다.

2.3 반환값이란?

함수는 연산 결과를 반환할 수도 있다. return 키워드를 사용하면 결과 값을 반환하고 함수 실행을 종료할 수 있다.

입력 코드

```
def add(a, b):
    return a + b  # 결과를 반환

result = add(7, 3)  # 반환값을 변수에 저장
print(result)
```

출력 결과

```
10
```

return을 사용하면 계산된 값을 함수 외부에서 활용할 수 있다.

3 모듈의 개념과 활용

모듈(Module)은 여러 개의 함수와 변수들을 하나의 파일에 저장한 것이다. 코드를 분리하여 관리할 수 있으며, 다른 프로그램에서도 쉽게 재사용할 수 있다. Python에는 이미 수많은 내장 모듈이 제공되며, 사용자도 직접 모듈을 만들 수 있다. Python에서 모듈을 사용하려면 import 키워드를 사용한다.

입력 코드

```
import math

print(math.sqrt(16)) # 제곱근 계산
print(math.factorial(5)) # 팩토리얼 계산
```

출력 결과

```
4.0
120
```

위 코드에서 math.sqrt(16)는 16의 제곱근을 반환하고 math.factorial(5)는 5! (5×4×3×2×1) 반환한다.

4 변수의 범위

4.1 변수의 범위란?

변수의 범위(Scope) 란 어디에서 변수를 사용할 수 있는지를 결정하는 규칙이다. Python에서는 전역 변수(Global Variable)와 지역 변수(Local Variable) 로 나뉜다.

① 지역 변수(Local Variable)

지역 변수는 함수 내부에서 정의된 변수는 해당 함수 안에서만 사용 가능하다. 함수가 종료되면, 지역 변수는 사라진다.

입력 코드

```
def my_function():
    local_var = "나는 함수 내부에서만 사용 가능해!"
    print(local_var)

my_function()
print(local_var)  # 오류 발생
```

출력 결과

```
나는 함수 내부에서만 사용 가능해!
NameError: name 'local_var' is not defined
```

local_var는 함수 내부에서만 사용 가능하므로, 함수 밖에서 사용하면 오류가 발생한다.

② 전역 변수(Global Variable)

전역 변수는 함수 밖에서 정의된 변수는 프로그램 전체에서 사용 가능하다.

입력 코드

```
global_var = "나는 어디서든 접근 가능해!"

def print_global():
    print(global_var)

print_global()  # 함수 내부에서도 전역 변수 사용 가능
print(global_var)  # 함수 외부에서도 접근 가능
```

출력 결과

```
나는 어디서든 접근 가능해!
나는 어디서든 접근 가능해!
```

global_var는 프로그램 전체에서 접근이 가능하다.

❒ 주요 개념 요약

1. 함수란 무엇인가?

- 함수는 특정 작업을 수행하는 독립적인 코드 블록이다.
- 함수를 사용하면 코드를 재사용할 수 있으며, 유지보수가 쉬워지고 가독성이 향상된다.
- Python에서 함수는 def 키워드를 사용하여 정의하며, 호출을 통해 실행된다.

2. 함수 정의와 호출

- 함수를 정의할 때는 def 함수이름(): 형태로 작성하며, 내부에 실행할 코드를 포함한다.
- 함수는 반드시 호출해야 실행되며, 함수이름() 형태로 호출한다.
- 함수를 사용하면 같은 기능을 여러 번 구현하지 않고, 필요할 때마다 실행할 수 있다.

3. 매개변수와 반환값

- 함수는 외부에서 값을 전달받아 처리할 수 있으며, 이를 매개변수(Parameter) 라고 한다.
- 하나 이상의 매개변수를 받을 수 있으며, 이를 활용하여 유연한 함수 작성이 가능하다.
- return 키워드를 사용하면 함수가 결과값을 반환할 수 있으며, 반환된 값은 다른 연산이나 변수에 활용할 수 있다.
- 반환값이 없는 함수는 return 없이 실행만 하고 종료된다.

4. 모듈의 개념과 활용

- 모듈(Module)은 여러 개의 함수와 변수를 하나의 파일에 저장하여 코드의 재사용성을 높이는 방식이다.
- import 키워드를 사용하여 Python의 내장 모듈 또는 사용자가 만든 모듈을 불러와 활용할 수 있다.
- 대표적인 Python의 내장 모듈에는 math, random, datetime 등이 있으며, 다양한 기능을 제공한다.
- 모듈을 사용하면 복잡한 코드를 여러 파일로 나누어 관리할 수 있어 유지보수가 용이하다.

5. 변수의 범위 (Scope)

- 변수의 범위는 어디에서 변수를 사용할 수 있는지 결정하는 규칙이다.
- 지역 변수(Local Variable) 는 함수 내부에서만 사용할 수 있으며, 함수가 종료되면 사라진다.
- 전역 변수(Global Variable) 는 프로그램 전체에서 사용할 수 있으며, 모든 함수에서 접근 가

능하다.

- 함수 내부에서 전역 변수를 수정하려면 global 키워드를 사용해야 하지만, 무분별한 사용은 권장되지 않는다.
- 함수 내부에서만 사용될 변수는 지역 변수로 선언하는 것이 좋으며, 전역 변수를 최소화하는 것이 유지보수에 유리하다.

실습과제

01 사용자로부터 이름을 입력받아 "안녕하세요, [이름]님!"을 출력하는 함수를 작성하시오. 함수 이름은 greet()이며, 사용자 입력을 매개변수로 받아 출력한다.

02 두 개의 숫자를 입력받아, 덧셈, 뺄셈, 곱셈, 나눗셈 결과를 반환하는 함수를 작성하시오. 함수 이름은 calculate()이며, 각 연산의 결과를 return을 사용하여 반환한다.

03 리스트로 입력된 숫자들 중 가장 큰 값을 반환하는 함수를 작성하시오. 함수 이름은 find_max()이며, 리스트를 매개변수로 받아, 가장 큰 값을 반환한다.

04 사용자가 입력한 숫자의 팩토리얼을 계산하는 함수를 작성하시오. 함수 이름은 factorial()이다. 팩토리얼 계산식은 $n! = n \times (n-1) \times (n-2) \times \ldots \times 1$ 이다. 팩토리얼 계산시, $n = 0$일 경우, 결과는 1이다.

05 Python의 random 모듈을 활용하여 1부터 100 사이의 랜덤한 숫자를 반환하는 함수를 작성하시오. 함수 이름은 generate_random()이고, random.randint() 함수를 사용하여 랜덤 숫자를 반환한다.

06 Python의 math 모듈을 활용하여 사용자가 입력한 숫자의 제곱근을 반환하는 함수를 작성하시오. 함수 이름은 calculate_sqrt()이며, math.sqrt() 함수를 활용하여 제곱근을 반환한다.

07 전역 변수 count = 0이 있다. 함수 내부에서 count 값을 증가시키는 함수 increase_count()를 작성하시오. 단, count 변수를 함수 내에서 직접 수정해야 한다. global 키워드를 사용하여 전역 변수 값을 변경하도록 작성하시오.

정답코드

01 사용자로부터 이름을 입력받아 "안녕하세요, [이름]님!"을 출력하는 함수

```
def greet(name):
    print(f"안녕하세요, {name}님!")

# 사용자 입력 받아 함수 호출
user_name = input("이름을 입력하세요: ")
greet(user_name)
```

02 두 개의 숫자를 입력받아, 덧셈, 뺄셈, 곱셈, 나눗셈 결과를 반환하는 함수

```
def calculate(a, b):
    return a + b, a - b, a * b, a / b if b != 0 else "0으로 나눌 수 없습니다."

# 사용자 입력
num1 = int(input("첫 번째 숫자를 입력하세요: "))
num2 = int(input("두 번째 숫자를 입력하세요: "))

# 함수 호출 및 결과 출력
add, sub, mul, div = calculate(num1, num2)
print(f"덧셈: {add}, 뺄셈: {sub}, 곱셈: {mul}, 나눗셈: {div}")
```

03 리스트로 입력된 숫자들 중 가장 큰 값을 반환하는 함수

```
def find_max(numbers):
    return max(numbers)  # max() 함수 사용

# 리스트 입력
num_list = list(map(int, input("숫자들을 공백으로 구분해 입력하세요: ").split()))

# 함수 호출 및 결과 출력
print(f"가장 큰 값: {find_max(num_list)}")
```

04 사용자가 입력한 숫자의 팩토리얼을 계산하는 함수

```
def factorial(n):
    if n == 0:
        return 1
    result = 1
    for i in range(1, n + 1):
        result *= i
    return result

# 사용자 입력
num = int(input("팩토리얼을 계산할 숫자를 입력하세요: "))

# 함수 호출 및 결과 출력
print(f"{num}! = {factorial(num)}")
```

05 Python의 random 모듈을 활용하여 1부터 100 사이의 랜덤한 숫자를 반환하는 함수

```
import random

def generate_random():
    return random.randint(1, 100)

# 함수 호출 및 결과 출력
print(f"생성된 난수: {generate_random()}")
```

06 Python의 math 모듈을 활용하여 사용자가 입력한 숫자의 제곱근을 반환하는 함수

```
import math

def calculate_sqrt(n):
    return math.sqrt(n)

# 사용자 입력
num = float(input("제곱근을 계산할 숫자를 입력하세요: "))
```

```python
# 함수 호출 및 결과 출력
print(f"{num}의 제곱근: {calculate_sqrt(num)}")
```

07 전역 변수와 지역 변수

```python
count = 0  # 전역 변수 선언

def increase_count():
    global count  # 전역 변수 사용 선언
    count += 1
    print(f"현재 count 값: {count}")

# 함수 호출
increase_count()
increase_count()
increase_count()
```

PART

3

데이터 구조

HTTP://Python.org

현대 사회에서 데이터는 단순한 숫자나 문자의 집합을 넘어 세상을 움직이는 중요한 요소가 되었다. 우리는 스마트폰을 사용할 때, 인터넷에서 정보를 검색할 때, 온라인 쇼핑을 할 때마다 끊임없이 데이터를 생성하고 활용한다. 기업은 고객의 행동 패턴을 분석해 맞춤형 서비스를 제공하고, 정부는 데이터를 기반으로 정책을 수립하며, 연구자들은 방대한 데이터를 분석하여 새로운 발견을 이루어낸다. 이렇게 광범위하게 활용되는 데이터는 어떻게 저장되고 관리될까?

데이터를 다루는 데 있어 가장 중요한 것은 적절한 데이터 구조를 선택하는 것이다. 같은 데이터를 처리하더라도 어떤 데이터 구조를 사용하느냐에 따라 처리 속도와 효율성이 크게 달라진다. Python은 강력한 데이터 처리 기능을 갖추고 있으며, 특히 리스트, 튜플, 딕셔너리, 집합은 가장 많이 사용되는 핵심적인 데이터 구조다.

리스트는 순서가 있는 데이터의 집합으로, 데이터를 저장, 수정, 삭제하는 데 유용하며, Python에서 가장 널리 활용되는 데이터 구조다. 반면, 튜플은 리스트와 유사하지만 한 번 생성하면 변경할 수 없는 데이터 구조로, 변하지 않아야 하는 데이터를 안전하게 보관하는 데 적합하다.

리스트와 튜플이 데이터를 순차적으로 저장하는 방식이라면, 딕셔너리와 집합은 관계와 고유한 특성을 활용하는 방식이다. 딕셔너리는 키와 값의 쌍으로 데이터를 저장하여 빠르게 검색할 수 있으며, 데이터의 구조를 체계적으로 관리하는 데 유용하다. 한편, 집합은 중복을 허용하지 않고, 합집합이나 교집합과 같은 집합 연산을 수행하는 데 최적화된 데이터 구조다.

이번 파트를 통해 Python의 기본 데이터 구조를 익히고, 각각의 특성과 활용 방법을 배울 것이다. 리스트는 언제 사용하는 것이 좋을까? 튜플이 필요한 상황은 무엇일까? 딕셔너리와 집합은 어떤 문제를 해결하는 데 적합할까? 효율적인 데이터 저장과 처리를 위한 데이터 구조의 세계로 함께 떠나보자.

CHAPTER 06

리스트와 튜플: 데이터의 조화로운 정렬

데이터를 저장하고 관리하는 방법에는 여러 가지가 있지만, 가장 기본적이고 많이 사용되는 방식이 바로 리스트와 튜플이다. 리스트와 튜플은 데이터를 순서대로 저장할 수 있도록 도와주며, 프로그래밍에서 가장 직관적이고 활용도가 높은 데이터 구조다.

리스트는 데이터를 동적으로 추가, 삭제, 수정할 수 있는 유연한 구조를 가지고 있어, 다양한 상황에서 폭넓게 사용된다. Python에서는 리스트를 활용하여 데이터를 쉽게 관리하고 조작할 수 있도록 다양한 연산과 내장 메소드를 제공한다.

반면, 튜플은 한 번 생성하면 수정이 불가능한 불변(immutable) 데이터 구조다. 이러한 특성 덕분에 데이터의 무결성을 보장할 수 있으며, 리스트보다 메모리를 효율적으로 사용할 수 있는 장점이 있다.

이번 장에서는 리스트와 튜플의 개념을 살펴보고, 데이터를 효과적으로 저장하고 활용하는 방법을 학습할 것이다. 또한, 리스트 연산과 인덱싱, 슬라이싱, 리스트 함축표현 등 Python이 제공하는 강력한 기능들을 익히며, 데이터를 더욱 효율적으로 다루는 방법을 배워보자.

1 리스트의 기본 개념

1.1 리스트란?

리스트는 여러 개의 값을 하나의 변수에 저장할 수 있는 데이터 구조다. Python에서 가장 많이 사용되는 자료형 중 하나로, 여러 개의 데이터를 순서대로 저장하고 조작할 수 있도록 설계되었다. 리스트는 데이터의 추가, 삭제, 변경이 가능하며, 서로 다른 타입의 데이터도 하나의 리스트에 저장할 수 있다.

리스트는 [ ] 대괄호를 사용하여 생성한다.

```
fruits = ["사과", "바나나", "체리"] # 문자열 리스트
numbers = [1, 2, 3, 4, 5] # 숫자 리스트
mixed = [1, "Python", 3.14, True] # 다양한 타입이 섞인 리스트
empty = [] # 빈 리스트
```

리스트 내부의 값들은 ,(쉼표)로 구분한다. 숫자, 문자열, 논리값 등 여러 타입을 함께 저장할 수 있다.

리스트의 특징은 다음과 같다.

- 학생이 시험 점수를 입력하면 "합격" 또는 "불합격"을 출력하는 프로그램을 만들 수 있다.
- 순서가 있는 데이터 구조 (인덱스 사용 가능)
- 값을 변경, 추가, 삭제할 수 있음
- 중복된 값을 허용함
- 여러 가지 데이터 타입을 함께 저장 가능

Python에서 리스트는 가변적(mutable) 이므로, 한 번 생성한 리스트의 내용을 자유롭게 수정할 수 있다.

1.2 튜플이란?

튜플은 리스트와 유사하지만, 한 번 생성되면 수정할 수 없는(Immutable) 데이터 구조다. 튜플은 데이터 보호가 필요할 때 사용되며, 리스트보다 속도가 빠르고 메모리를 적게 사용하는 장점이 있다.

튜플은 소괄호 ( ) 를 사용하여 생성한다.

```
fruits = ("사과", "바나나", "체리") # 문자열 튜플
numbers = (1, 2, 3, 4, 5) # 숫자 튜플
mixed = (1, "Python", 3.14, True) # 다양한 타입이 섞인 튜플
single = ("Python",) # 한 개의 요소를 가진 튜플 (쉼표 필요)
empty = () # 빈 튜플
```

튜플의 요소는 변경할 수 없다. 쉼표(,)가 없으면 단순한 문자열이나 숫자로 인식되므로, 요소가 하나일 때는 반드시 쉼표를 붙여야 한다.

튜플의 특징은 다음과 같다.

- 순서가 있는 데이터 구조 (인덱스 사용 가능)
- 값을 변경할 수 없음 (읽기 전용 데이터 저장 용도)
- 리스트보다 속도가 빠르고 메모리 효율적
- 중복된 값을 허용함

1.3 리스트 vs 튜플

특징	리스트(List)	튜플(Tuple)
수정 가능 여부	O (가능)	X (불가능)
데이터 저장 순서 유지	O	O
중복 허용 여부	O	O
속도 및 메모리 사용량	상대적으로 느림	상대적으로 빠름
사용 예시	변경이 필요한 데이터	변경이 필요 없는 데이터

2 리스트 연산 및 메소드 활용

Python에서는 리스트를 보다 쉽게 다룰 수 있도록 다양한 연산과 내장 메소드를 제공한다. 리스트 연산을 사용하면 여러 개의 리스트를 결합하거나, 요소를 반복할 수 있으며, 내장 메소드를 활용하면 리스트의 데이터를 추가, 수정, 삭제, 정렬, 검색할 수 있다.

리스트는 숫자처럼 기본적인 연산이 가능하다. + 연산자는 리스트를 연결(Concatenation)하고 * 연산자는 리스트를 반복(Replication)한다.

입력 코드

```
a = [1, 2, 3]
b = [4, 5, 6]

print(a + b)  # 리스트 연결
print(a * 2)  # 리스트 반복
```

출력 결과

```
[1, 2, 3, 4, 5, 6]
[1, 2, 3, 1, 2, 3]
```

a + b는 두 리스트를 하나의 리스트로 합쳐주고, a * 2는 리스트의 요소를 2배 반복하여 새로운 리스트를 생성한다.

Python의 리스트는 강력한 내장 메소드들을 제공하며, 이를 활용하면 데이터를 효율적으로 관리할 수 있다. 리스트의 주요 메소드들은 다음과 같다.

메소드	설명
append(x)	리스트 끝에 요소 x추가
insert(i, x)	인덱스 i위치에 요소 x삽입
remove(x)	리스트에서 첫 번째로 등장하는 요소 x삭제
pop(i)	인덱스 i에 해당하는 요소 제거 후 반환 (i생략 시 마지막 요소 제거)
index(x)	리스트에서 요소 x의 첫 번째 위치 반환
count(x)	리스트에서 요소 x가 등장한 횟수 반환
sort()	리스트 요소를 오름차순 정렬
reverse()	리스트 요소의 순서를 반대로 변경
extend(iterable)	리스트에 다른 리스트나 튜플의 요소를 추가

2.1 append(x) – 리스트 끝에 요소 추가

append() 메소드는 리스트의 맨 마지막에 새로운 요소를 추가한다.

입력 코드

```
numbers = [1, 2, 3]
numbers.append(4)

print(numbers)
```

출력 결과

```
[1, 2, 3, 4]
```

리스트에 새로운 요소를 추가할 때 유용하다. 한 번에 하나의 요소만 추가 가능하며, 리스트 자체를 추가하면 리스트 안에 리스트가 생성된다.

입력 코드

```
numbers.append([5, 6]) # 리스트 추가
print(numbers)
```

출력 결과

```
[1, 2, 3, 4, [5, 6]]
```

리스트를 추가할 때는 extend()를 사용하면 내부 요소만 추가할 수 있다.

2.2 insert(i, x) – 특정 위치에 요소 삽입

insert() 메소드는 리스트의 특정 위치(i)에 요소(x)를 삽입한다.

입력 코드

```
numbers = [1, 2, 4, 5]
numbers.insert(2, 3) # 인덱스 2 위치에 3 삽입

print(numbers)
```

출력 결과

```
[1, 2, 3, 4, 5]
```

중간에 새로운 요소를 추가해야 할 때 유용하다. 기존 요소들은 한 칸씩 뒤로 밀려난다.

2.3 remove(x) – 특정 요소 삭제

remove() 메소드는 리스트에서 첫 번째로 등장하는 요소(x)를 삭제한다.

입력 코드

```
fruits = ["사과", "바나나", "체리", "바나나"]
fruits.remove("바나나") # 첫 번째 "바나나" 삭제

print(fruits)
```

출력 결과

```
['사과', '체리', '바나나']
```

동일한 값이 여러 개 있을 경우 가장 앞에 있는 값만 삭제된다. 존재하지 않는 요소를 삭제하려고 하면 오류(ValueError)가 발생한다.

2.4 pop(i) – 특정 요소 제거 후 반환

pop() 메소드는 특정 인덱스(i)의 요소를 제거하고 반환한다.

입력 코드

```
numbers = [10, 20, 30, 40]
removed_item = numbers.pop(2)  # 인덱스 2 요소(30) 제거

print(numbers)
print(f"제거된 요소: {removed_item}")
```

출력 결과

```
[10, 20, 40]
제거된 요소: 30
```

반환값을 활용할 수 있다는 점이 remove()와 다르다. pop()에 인덱스를 지정하지 않으면 마지막 요소가 제거된다.

입력 코드

```
last_item = numbers.pop()
print(numbers)
print(f"마지막으로 제거된 요소: {last_item}")
```

출력 결과

```
[10, 20]
마지막으로 제거된 요소: 40
```

2.5 index(x) – 특정 요소의 위치 반환

index() 메소드는 리스트에서 특정 요소(x)의 첫 번째 위치를 반환한다.

입력 코드

```
fruits = ["사과", "바나나", "체리"]
print(fruits.index("바나나"))
```

출력 결과

```
1
```

동일한 요소가 여러 개 있을 경우 가장 첫 번째 위치만 반환한다.

2.6 count(x) – 특정 요소의 개수 반환

count() 메소드는 리스트에서 특정 요소(x)가 등장하는 횟수를 반환한다.

입력 코드

```
numbers = [1, 2, 3, 1, 2, 1, 4]
print(numbers.count(1))  # 1의 개수 출력
```

출력 결과

```
3
```

2.7 sort() – 리스트 정렬

sort() 메소드는 리스트를 오름차순으로 정렬한다.

입력 코드

```
numbers = [3, 1, 4, 1, 5, 9]
numbers.sort()

print(numbers)
```

출력 결과

```
[1, 1, 3, 4, 5, 9]
```

내림차순 정렬을 하려면 sort(reverse=True)를 사용한다.

입력 코드

```
numbers.sort(reverse=True)
print(numbers)
```

출력 결과

```
[9, 5, 4, 3, 1, 1]
```

2.8 reverse() – 리스트 뒤집기

reverse() 메소드는 리스트의 순서를 거꾸로 뒤집는다.

입력 코드

```
numbers = [1, 2, 3, 4, 5]
numbers.reverse()

print(numbers)
```

출력 결과

```
[5, 4, 3, 2, 1]
```

정렬이 아니라 현재 순서를 그대로 뒤집는 것이라는 점에 주의하자.

3 인덱싱과 슬라이싱

리스트는 순서가 있는(ordered) 데이터 구조이기 때문에, 특정 위치에 있는 값을 가져오거나, 리스트의 일부만 잘라서 사용할 수 있다. 이러한 기능을 가능하게 해주는 것이 인덱싱(Indexing)과 슬라이싱(Slicing) 이다.

3.1 리스트 인덱싱 (Indexing)

리스트에서 특정 위치의 요소를 가져오거나 수정할 때는 인덱싱을 사용한다. 인덱스는 0부터 시작하며, 음수 인덱스를 사용하면 뒤에서부터 접근할 수도 있다.

입력 코드

```
fruits = ["사과", "바나나", "체리", "포도", "오렌지"]

print(fruits[0])  # 첫 번째 요소
print(fruits[2])  # 세 번째 요소
print(fruits[-1]) # 마지막 요소
print(fruits[-3]) # 뒤에서 세 번째 요소
```

출력 결과

```
사과
체리
오렌지
체리
```

fruits[0]는 리스트의 첫 번째 요소이고, fruits[-1]는 리스트의 마지막 요소이다. 마지막으로 fruits[-3]는 뒤에서 세 번째 요소이다.

리스트는 가변형(mutable) 데이터 구조이므로, 인덱싱을 사용하여 특정 요소의 값을 변경할 수 있다.

입력 코드

```
numbers = [10, 20, 30, 40, 50]

numbers[2] = 100  # 인덱스 2 위치(세 번째 요소)를 100으로 변경

print(numbers)
```

출력 결과

```
[10, 20, 100, 40, 50]
```

리스트 요소의 값을 직접 변경할 수 있다.

리스트에서 특정 요소를 삭제하려면 del 키워드를 사용한다.

입력 코드

```
numbers = [10, 20, 30, 40, 50]

del numbers[1]  # 두 번째 요소 삭제

print(numbers)
```

출력 결과

```
[10, 30, 40, 50]
```

del 리스트[인덱스]를 사용하면 특정 요소가 제거된다.

3.2 리스트 슬라이싱 (Slicing)

리스트에서 특정 범위의 요소를 가져오려면 슬라이싱(Slicing) 을 사용한다. 기본 형식은 리스트[start:end:step]이다. start부터 end-1까지 가져오며, step 간격으로 요소를 선택할 수 있다.

입력 코드

```
numbers = [0, 1, 2, 3, 4, 5, 6, 7, 8, 9]

print(numbers[2:6])  # 2번 인덱스부터 5번 인덱스까지
print(numbers[:5])   # 처음부터 4번 인덱스까지
print(numbers[5:])   # 5번 인덱스부터 끝까지
print(numbers[::2])  # 2칸씩 건너뛰며 가져오기
print(numbers[::-1]) # 리스트를 거꾸로 뒤집기
```

출력 결과

```
[2, 3, 4, 5]
[0, 1, 2, 3, 4]
[5, 6, 7, 8, 9]
[0, 2, 4, 6, 8]
[9, 8, 7, 6, 5, 4, 3, 2, 1, 0]
```

리스트 슬라이싱에서 [::-1]을 사용하면 리스트를 반대로 뒤집을 수 있다. ::2처럼 step 값을 주면 특

정 간격으로 요소를 선택할 수 있다.

슬라이싱을 사용하여 특정 범위의 값을 한 번에 변경할 수도 있다.

입력 코드

```
numbers = [10, 20, 30, 40, 50]

numbers[1:4] = [100, 200, 300]  # 1~3번 인덱스 값 변경

print(numbers)
```

출력 결과

```
[10, 100, 200, 300, 50]
```

이처럼 여러 개의 값을 한 번에 변경할 수 있다.

슬라이싱을 이용하여 여러 개의 요소를 한 번에 삭제할 수도 있다.

입력 코드

```
numbers = [10, 20, 30, 40, 50]

del numbers[1:4]  # 1~3번 인덱스 요소 삭제

print(numbers)
```

출력 결과

```
[10, 50]
```

특정 범위의 요소를 삭제하고 싶을 때 유용하다.

4 리스트 함축표현

Python에서는 반복문 없이 리스트를 간결하게 생성할 수 있는 방법을 제공하는데, 이를 리스트 함축표현(List Comprehension) 이라고 한다.

4.1 리스트 함축표현 기본 문법

리스트 함축표현의 기본 형태는 [표현식 for 변수 in 반복가능한 객체]이다. 여기서 조건을 추가하는 것이 가능하며, 조건을 추가할 때는 [표현식 for 변수 in 반복가능한 객체 if 조건] 으로 구현할 수 있다.

리스트 함축표현으로 기본 리스트를 생성해보자.

입력 코드

```
numbers = [i for i in range(10)]  # 0부터 9까지 리스트 생성

print(numbers)
```

출력 결과

```
[0, 1, 2, 3, 4, 5, 6, 7, 8, 9]
```

일반적인 반복문을 사용하는 것보다 훨씬 간결하다. 이번에는 제곱수를 저장하는 리스트를 만들어 보자.

입력 코드

```
squares = [i**2 for i in range(1, 6)]

print(squares)
```

출력 결과

```
[1, 4, 9, 16, 25]
```

각 요소를 제곱한 값으로 리스트를 생성할 수 있다. 이번에는 짝수만 저장하는 리스트를 만들어보자.

입력 코드

```
even_numbers = [i for i in range(10) if i % 2 == 0]

print(even_numbers)
```

출력 결과

```
[0, 2, 4, 6, 8]
```

if 조건을 추가하여 짝수만 리스트에 포함시킬 수 있다. 이번에는 리스트 함축표현으로 두 개의 리스트를 조합해보자.

입력 코드

```
pairs = [(x, y) for x in range(3) for y in range(3)]

print(pairs)
```

출력 결과

```
[(0, 0), (0, 1), (0, 2), (1, 0), (1, 1), (1, 2), (2, 0), (2, 1), (2, 2)]
```

두 개의 리스트를 조합하여 모든 가능한 쌍을 리스트로 생성할 수 있다.

4.2 리스트 함축표현 vs 일반 반복문

다음은 일반 반복문을 사용한 리스트 생성 코드이다.

입력 코드

```
squares = []
for i in range(1, 6):
    squares.append(i**2)

print(squares)
```

출력 결과

```
[1, 4, 9, 16, 25]
```

다음은 위 코드를 리스트 함축표현을 사용하여 다시 구현한 코드이다.

입력 코드

```
squares = [i**2 for i in range(1, 6)]
print(squares)
```

리스트 함축표현을 사용하면 코드가 훨씬 간결해진다.

❐ 주요 개념 요약

1. 리스트의 개념과 특징

- 리스트(List)는 순서가 있는 데이터 구조로, 여러 개의 값을 하나의 변수에 저장할 수 있다.
- 리스트는 수정, 삭제, 추가가 가능(mutable) 하며, 서로 다른 타입의 데이터를 함께 저장할 수 있다.
- 리스트는 대괄호([])를 사용하여 생성되며, 요소들은 쉼표(,)로 구분된다.
- 중복된 값을 허용하며, 요소의 순서가 유지된다.

2. 튜플의 개념과 특징

- 튜플(Tuple)은 리스트와 유사하지만, 한 번 생성되면 수정할 수 없는(immutable) 데이터 구조다.
- 튜플은 소괄호(())를 사용하여 생성되며, 리스트보다 메모리 사용이 적고 속도가 빠르다.
- 값이 변하면 안 되는 데이터(예: 좌표, 설정 값)를 저장할 때 유용하다.
- 한 개의 요소를 가진 튜플은 (값,) 형태로 쉼표(,)를 포함해야 한다.

3. 리스트 연산 및 메소드 활용

- 리스트는 + 연산자로 연결(Concatenation), * 연산자로 반복(Replication) 할 수 있다.
- 자주 사용되는 리스트 메소드
  - append(x): 리스트 끝에 요소 추가
  - insert(i, x): 특정 위치(i)에 요소 삽입
  - remove(x): 리스트에서 첫 번째로 등장하는 요소 삭제
  - pop(i): 특정 위치(i)의 요소 제거 후 반환 (i 생략 시 마지막 요소 제거)
  - index(x): 리스트에서 요소 x의 첫 번째 위치 반환
  - count(x): 리스트에서 요소 x가 등장한 횟수 반환
  - sort(): 리스트 요소를 오름차순 정렬 (reverse=True 사용 시 내림차순 정렬)
  - reverse(): 리스트 요소의 순서를 반대로 변경

4. 리스트 인덱싱과 슬라이싱

- 인덱싱(Indexing): 리스트에서 특정 요소에 접근하는 방법
  - 리스트[0]: 첫 번째 요소

- 리스트[-1]: 마지막 요소

■ 슬라이싱(Slicing): 리스트의 특정 범위를 가져오는 방법

- 리스트[start:end]: start부터 end-1까지 가져옴
- 리스트[start:end:step]: step 간격으로 요소 선택

■ [::-1]을 사용하면 리스트를 거꾸로 뒤집을 수 있다.

5. 리스트 함축표현(List Comprehension)

■ 리스트를 반복문 없이 한 줄로 간결하게 생성할 수 있다.

■ 기본 문법: [표현식 for 변수 in 반복가능한 객체]

■ 조건 추가 가능: [표현식 for 변수 in 반복가능한 객체 if 조건]

■ 예제:

- [i**2 for i in range(1, 6)] → [1, 4, 9, 16, 25]
- [i for i in range(10) if i % 2 == 0] → [0, 2, 4, 6, 8]

실습과제

01 쇼핑을 가기 전에 구매할 물건 목록을 정리하는 프로그램을 만들어 보자. 사용자로부터 구매할 물건을 다섯 개 입력받아 리스트에 저장한 후, 사용자가 "완료"를 입력하면 현재 목록을 출력하도록 한다. 만약 "삭제"를 입력하면 마지막으로 추가한 물건을 목록에서 제거하고 다시 출력하도록 한다. "정렬"을 입력하면 구매 목록을 가나다순으로 정렬하여 출력하는 기능을 추가해 보자.

02 학급에서 학생들의 성적을 관리하는 프로그램을 작성해 보자. 다섯 명의 학생의 점수를 리스트에 저장한 후, 학생들의 평균 점수를 계산하여 출력한다. 또한, 최고 점수와 최저 점수를 출력하고, 90점 이상을 받은 학생 수를 출력하는 기능도 구현해 보자.

03 친구들과 함께 영화를 보려고 할 때, 랜덤으로 영화를 추천해 주는 프로그램을 만들어 보자. 인기 있는 영화 다섯 개를 리스트에 저장하고, 사용자가 "추천"을 입력하면 리스트에서 랜덤으로 영화 한 편을 추천한다. "추가"를 입력하면 새로운 영화를 목록에 추가하고, "삭제"를 입력하면 마지막에 추가된 영화를 삭제하는 기능을 추가한다. "정렬"을 입력하면 영화 목록을 알파벳 순으로 정렬할 수 있도록 만든다.

04 일주일 동안의 최고 기온을 기록하는 프로그램을 작성해 보자. 사용자로부터 7일 동안의 최고 기온을 입력받아 리스트에 저장하고, 가장 더웠던 날과 가장 추웠던 날의 기온을 출력하도록 한다. 또한, 평균 기온을 계산하여 출력하고, 기온이 30도 이상이었던 날의 개수를 출력하는 기능도 추가해 보자.

05 카페에서 주문을 관리하는 프로그램을 만들어 보자. 고객이 주문한 음료 이름을 리스트에 저장하고, 고객이 "완료"를 입력하면 현재 주문 목록을 출력한다. "삭제"를 입력하면 가장 마지막에 추가된 주문을 삭제하고, "정렬"을 입력하면 주문을 가나다순으로 정렬한다. "중복 제거"를 입력하면 중복된 음료 주문을 제거한 후 출력하는 기능을 추가한다.

06 운동을 할 때 매일 소모한 칼로리를 기록하는 프로그램을 작성해 보자. 사용자로부터 7일 동안 소모한 칼로리를 입력받아 리스트에 저장한 후, 일주일 동안 소모한 총 칼로리를 출력한다. 또한, 평균 소모 칼로리를 계산하여 출력하고, 소모 칼로리가 가장 많았던 날과 가장 적었던 날을 출력하는 기능을 추가한다.

07 과일 가게에서 판매하는 과일 목록을 관리하는 프로그램을 만들어 보자. 가게에서 판매하는 과일을 튜플로 저장한 후, 고객이 과일 이름을 입력하면 해당 과일이 판매 중인지 확인하여 출력한다. "전체"를 입력하면 현재 판매 중인 모든 과일을 출력하는 기능도 추가한다.

08 도서관에서 대출된 책을 관리하는 프로그램을 만들어 보자. 사용자가 대출할 책 제목을 입력하면 리스트에 추가하고, "반납"을 입력하면 가장 오래된(첫 번째) 대출된 책을 삭제한다. "목록"을 입력하면 현재 대출 중인 책을 출력하고, "정렬"을 입력하면 책 제목을 가나다순으로 정렬하여 출력하는 기능도 추가한다.

09 일주일 동안의 주식 가격을 기록하는 프로그램을 작성해 보자. 사용자로부터 7일 동안의 주식 가격을 입력받아 리스트에 저장한 후, 가장 높은 주가와 가장 낮은 주가를 출력한다. 또한, 평균 주가를 계산하여 출력하고, 주가가 10% 이상 급등한 날이 몇 번인지 출력하는 기능을 추가한다.

정답코드

01 쇼핑 목록 관리 프로그램

```
shopping_list = []

while True:
    item = input("구매할 물건을 입력하세요 (완료/삭제/정렬 입력 가능): ")

    if item == "완료":
        print("현재 쇼핑 목록:", shopping_list)
        break
    elif item == "삭제":
        if shopping_list:
            shopping_list.pop()
        print("삭제 완료. 현재 쇼핑 목록:", shopping_list)
    elif item == "정렬":
        shopping_list.sort()
        print("정렬 완료. 현재 쇼핑 목록:", shopping_list)
    else:
        shopping_list.append(item)
```

02 학급 성적 관리 시스템

```
scores = [int(input(f"학생 {i+1}의 점수를 입력하세요: ")) for i in range(5)]

average = sum(scores) / len(scores)
highest = max(scores)
lowest = min(scores)
above_90 = len([s for s in scores if s >= 90])

print(f"평균 점수: {average:.2f}")
print(f"최고 점수: {highest}, 최저 점수: {lowest}")
print(f"90점 이상 학생 수: {above_90}명")
```

03 영화 추천 시스템

```
import random

movies = ["인셉션", "인터스텔라", "어벤져스", "라라랜드", "기생충"]

while True:
    command = input("명령 입력 (추천/추가/삭제/정렬/종료): ")

    if command == "추천":
        print("추천 영화:", random.choice(movies))
    elif command == "추가":
        new_movie = input("추가할 영화를 입력하세요: ")
        movies.append(new_movie)
        print("추가 완료:", movies)
    elif command == "삭제":
        if movies:
            movies.pop()
        print("삭제 완료:", movies)
    elif command == "정렬":
        movies.sort()
        print("정렬 완료:", movies)
    elif command == "종료":
        break
```

04 오늘의 날씨 기록

```
temps = [float(input(f"{i+1}일차 최고 기온을 입력하세요: ")) for i in range(7)]

print(f"가장 더운 날: {max(temps)}도")
print(f"가장 추운 날: {min(temps)}도")
print(f"평균 기온: {sum(temps) / len(temps):.2f}도")
print(f"30도 이상이었던 날: {len([t for t in temps if t >= 30])}일")
```

05 카페 주문 관리 시스템

```
orders = []

while True:
    command = input("명령 입력 (추가/완료/삭제/정렬/중복 제거/종료): ")

    if command == "추가":
        order = input("주문할 음료를 입력하세요: ")
        orders.append(order)
    elif command == "완료":
        print("현재 주문 목록:", orders)
    elif command == "삭제":
        if orders:
            orders.pop()
        print("삭제 완료:", orders)
    elif command == "정렬":
        orders.sort()
        print("정렬 완료:", orders)
    elif command == "중복 제거":
        orders = list(set(orders))
        print("중복 제거 완료:", orders)
    elif command == "종료":
        break
```

06 피트니스 기록 관리

```
calories = [int(input(f"{i+1}일차 소모한 칼로리를 입력하세요: ")) for i in range(7)]

print(f"총 소모 칼로리: {sum(calories)} kcal")
print(f"평균 소모 칼로리: {sum(calories) / len(calories):.2f} kcal")
print(f"최대 소모 칼로리: {max(calories)} kcal")
print(f"최소 소모 칼로리: {min(calories)} kcal")
```

07 과일 가게 재고 관리 시스템

```
fruits = ("사과", "바나나", "포도", "복숭아", "오렌지")

while True:
    item = input("찾을 과일 이름을 입력하세요 (전체/종료 입력 가능): ")

    if item == "전체":
        print("현재 판매 중인 과일:", fruits)
    elif item == "종료":
        break
    else:
        print(f"{item}은(는) {'판매 중' if item in fruits else '판매하지 않음'}")
```

08 도서관 대출 시스템

```
books = []

while True:
    command = input("명령 입력 (대출/반납/목록/정렬/종료): ")

    if command == "대출":
        book = input("대출할 책 제목을 입력하세요: ")
        books.append(book)
    elif command == "반납":
        if books:
            print(f"반납된 책: {books.pop(0)}")
        else:
            print("반납할 책이 없습니다.")
    elif command == "목록":
        print("현재 대출 중인 책:", books)
    elif command == "정렬":
        books.sort()
        print("정렬 완료:", books)
    elif command == "종료":
        break
```

09 주식 가격 변동 분석

```
prices = [float(input(f"{i+1}일차 주가를 입력하세요: ")) for i in range(7)]

price_changes = [((prices[i] - prices[i-1]) / prices[i-1]) * 100 for i in range
(1, 7)]

print(f"최고 주가: {max(prices)}원")
print(f"최저 주가: {min(prices)}원")
print(f"평균 주가: {sum(prices) / len(prices):.2f}원")
print(f"10% 이상 급등한 날 수: {len([c for c in price_changes if c >= 10])}일")
```

CHAPTER 07

딕셔너리와 집합: 관계와 집합의 이야기

우리는 실생활에서 다양한 데이터를 다룬다. 예를 들어, 학생의 성적을 저장할 때 이름과 점수를 짝지어 기록하거나, 사람들이 좋아하는 음식을 정리할 때 중복 없이 관리하고 싶을 수 있다. 이러한 경우 Python의 딕셔너리(Dictionary)와 집합(Set)이 강력한 도구로 활용될 수 있다.

딕셔너리는 키(Key)와 값(Value)으로 이루어진 자료구조로, 각 데이터를 고유한 키와 연결하여 저장할 수 있다. 마치 주소록에서 사람의 이름을 검색하면 해당하는 전화번호를 찾을 수 있는 것처럼, 딕셔너리를 사용하면 특정 키를 통해 데이터를 빠르게 검색할 수 있다. 예를 들어, 학생의 이름과 점수를 저장하거나, 상품의 이름과 가격을 관리하는 데 유용하다. 리스트나 튜플과는 다르게 인덱스가 아닌 키 값을 사용하여 데이터를 접근할 수 있으며, 데이터의 순서는 중요하지 않다.

반면, 집합은 중복을 허용하지 않는 데이터 구조로, 특정한 요소가 존재하는지 빠르게 확인할 수 있다. 예를 들어, 사람들이 좋아하는 색상을 저장할 때, 중복을 제거한 유일한 값들만 저장하고 싶다면 집합이 좋은 선택이 될 수 있다. 또한, 수학에서 사용되는 합집합, 교집합, 차집합과 같은 집합 연산을 손쉽게 수행할 수 있어 데이터 분석과 필터링 작업에도 매우 유용하다.

딕셔너리는 연관된 데이터를 키-값 형태로 저장할 때 유용하고, 집합은 중복을 제거하거나 특정한 값의 존재 여부를 확인하는 데 효과적이다. 이 장에서는 딕셔너리와 집합을 활용하여 데이터를 보다 효율적으로 관리하는 방법을 익혀보자.

1 딕셔너리와 집합의 구조와 활용

1.1 딕셔너리의 개념과 활용

딕셔너리는 데이터를 키와 값의 쌍으로 저장하는 자료구조다. 우리가 실제 생활에서 정보를 정리할 때 흔히 사용하는 방식과 유사하다. 예를 들어, 학생들의 시험 점수를 기록할 때 "홍길동 - 85점", "김영희 - 90점"과 같이 이름과 점수를 짝지어 저장하는 것이 딕셔너리의 개념과 같다.

딕셔너리는 리스트와 달리 인덱스 번호가 아닌 키를 이용하여 데이터를 검색할 수 있다. 리스트는 원하는 값을 찾기 위해 순차적으로 검색해야 하지만, 딕셔너리는 키를 통해 값을 즉시 찾을 수 있어 검색 속도가 빠르다. 이러한 특징 덕분에 많은 데이터가 저장되어 있어도 원하는 정보를 빠르게 검색할 수 있다.

딕셔너리는 중괄호 {}를 사용하여 생성하며, 키와 값은 : 기호로 구분한다. 여러 개의 키-값 쌍은 쉼표 ,로 구분하여 저장할 수 있다.

입력 코드

```
student_scores = {
    "홍길동": 85,
    "김영희": 90,
    "이철수": 78
}

print(student_scores["김영희"])  # 90 출력
```

위의 예제에서 "김영희"라는 키를 사용하면 90이라는 값을 즉시 얻을 수 있다. 리스트에서 특정 값을 찾으려면 전체 리스트를 검색해야 하지만, 딕셔너리는 키를 통해 값에 직접 접근할 수 있으므로 훨씬 효율적이다.

딕셔너리는 키를 활용하여 데이터를 관리하기 때문에 중복된 키를 가질 수 없다. 만약 동일한 키를 사용하여 값을 저장하면, 기존 값이 새로운 값으로 덮어씌워진다.

입력 코드

```
student_scores["김영희"] = 95  # 기존 값(90)이 새로운 값(95)로 변경됨
print(student_scores)  # {'홍길동': 85, '김영희': 95, '이철수': 78}
```

1.2 딕셔너리의 주요 기능

딕셔너리는 데이터를 저장할 뿐만 아니라 추가, 수정, 삭제, 검색 등 다양한 기능을 제공한다. 딕셔너리에 새로운 데이터를 추가할 때는 새로운 키를 지정하고 값을 할당하면 된다.

입력 코드

```
student_scores["박지성"] = 88  # 새로운 키-값 추가
print(student_scores)  # {'홍길동': 85, '김영희': 95, '이철수': 78, '박지성': 88}
```

딕셔너리에서 특정 키를 삭제하려면 del 키워드를 사용한다.

입력 코드

```
del student_scores["이철수"]
print(student_scores)  # {'홍길동': 85, '김영희': 95, '박지성': 88}
```

딕셔너리는 키의 존재 여부를 빠르게 확인할 수 있다.

입력 코드

```
print("김영희" in student_scores)  # True 출력
print("이철수" in student_scores)  # False 출력
```

1.3 딕셔너리를 활용한 데이터 관리

딕셔너리는 다양한 데이터 관리 작업에 활용할 수 있다. 예를 들어, 고객의 주문 내역을 관리하는 프로그램을 작성할 수 있다.

입력 코드

```
orders = {
    "아메리카노": 3,
    "카페라떼": 2,
    "바닐라라떼": 1
}

print(f"아메리카노 주문 수량: {orders['아메리카노']}")

orders["카페라떼"] += 1  # 주문 추가
print(f"카페라떼 총 주문 수량: {orders['카페라떼']}")
```

이처럼 딕셔너리를 활용하면 키를 기준으로 데이터를 효율적으로 저장하고 관리할 수 있다.

1.4 집합의 개념과 활용

집합은 중복을 허용하지 않는 데이터 구조로, 특정한 요소가 존재하는지 확인하는 데 유용하다. 예를 들어, 한 반의 학생들이 좋아하는 색상을 조사할 때, 같은 색을 여러 번 입력하더라도 한 번만 저장되도록 하려면 집합을 사용하면 된다. 집합은 중괄호 {}를 사용하여 생성하며, 리스트와 달리 같은 값이 여러 번 들어갈 수 없다.

입력 코드

```
favorite_colors = {"빨강", "파랑", "초록", "파랑", "빨강"}
print(favorite_colors) # {'빨강', '초록', '파랑'}
```

위의 예제에서 "빨강"과 "파랑"이 중복되었지만, 결과에는 한 번만 저장된다. 집합은 특정한 값이 존재하는지 빠르게 확인할 수 있다.

입력 코드

```
print("노랑" in favorite_colors) # False 출력
print("파랑" in favorite_colors) # True 출력
```

1.5 집합의 주요 기능

집합은 합집합, 교집합, 차집합과 같은 연산을 쉽게 수행할 수 있다.

입력 코드

```
set1 = {1, 2, 3, 4}
set2 = {3, 4, 5, 6}

print(set1 | set2) # 합집합: {1, 2, 3, 4, 5, 6}
print(set1 & set2) # 교집합: {3, 4}
print(set1 - set2) # 차집합: {1, 2}
```

집합에 새로운 요소를 추가하려면 add() 메소드를 사용한다.

입력 코드

```
favorite_colors.add("노랑")
print(favorite_colors) # {'빨강', '초록', '파랑', '노랑'}
```

특정 요소를 제거하려면 remove() 또는 discard()를 사용할 수 있다.

입력 코드

```
favorite_colors.remove("초록")
print(favorite_colors) # {'빨강', '파랑', '노랑'}
```

집합은 중복을 자동으로 제거하는 특성을 활용하여 리스트에서 중복을 제거하는 용도로 사용할 수도 있다.

입력 코드

```
numbers = [1, 2, 2, 3, 3, 4, 4, 5]
unique_numbers = list(set(numbers))
print(unique_numbers) # [1, 2, 3, 4, 5]
```

1.6 딕셔너리와 집합의 활용 예제

딕셔너리와 집합을 활용하면 데이터를 효율적으로 관리할 수 있다. 예를 들어, 학생들이 좋아하는 과목을 기록하는 프로그램을 작성해 보자.

입력 코드

```
favorite_subjects = {
    "홍길동": {"수학", "과학"},
    "김영희": {"영어", "과학"},
    "이철수": {"국어", "사회"}
}

# 특정 학생이 좋아하는 과목 출력
print(favorite_subjects["홍길동"]) # {'수학', '과학'}

# 모든 학생이 좋아하는 과목 목록 출력
all_subjects = set()
for subjects in favorite_subjects.values():
    all_subjects.update(subjects)

print(all_subjects) # {'수학', '과학', '영어', '국어', '사회'}
```

이처럼 딕셔너리와 집합을 활용하면 데이터 검색과 분석을 더욱 효율적으로 수행할 수 있다. 이번

장을 통해 딕셔너리와 집합의 개념을 익히고, 다양한 문제 해결에 활용하는 능력을 길러보자.

2 람다 함수의 개념과 응용

람다 함수는 Python에서 제공하는 익명 함수(Anonymous Function) 로, 일반적인 함수와 달리 def 키워드를 사용하지 않고 한 줄로 간결하게 작성할 수 있다. 보통의 함수는 여러 줄로 작성되며, 함수 이름을 갖고 있다. 하지만 람다 함수는 코드가 간결해야 할 때, 일회성으로 사용할 때 유용하게 사용된다.

2.1 람다 함수의 기본 구조

람다 함수는 lambda 매개변수: 표현식 형식으로 작성된다. 예를 들어, 두 수를 더하는 함수를 일반적인 방식과 람다 함수로 각각 정의해 보자.

입력 코드

```
# 일반적인 함수 사용
def add(a, b):
    return a + b

print(add(3, 5))  # 8
```

위 함수는 두 개의 매개변수를 받아 더한 결과를 반환한다. 같은 기능을 람다 함수로 작성하면 다음과 같다.

입력 코드

```
# 람다 함수 사용
add_lambda = lambda a, b: a + b
print(add_lambda(3, 5))  # 8
```

람다 함수는 lambda 키워드 뒤에 매개변수를 나열하고, 콜론(:) 뒤에 실행할 표현식을 작성하는 방식으로 구성된다. 결과적으로, lambda a, b: a + b는 def add(a, b): return a + b와 동일한 역할을 수행한다.

람다함수는 일회성으로 간단한 함수를 사용할 때 유용하다. 일반적인 함수처럼 여러 번 재사용하는 것이 아니라, 특정 작업을 위해 한 번만 사용하고 버리는 경우 적합하다. 또한 람다함수는 간단한 연산을 한 줄로 표현할 수 있다. 일반적인 함수에 비해 코드가 짧고 간결하다. 마지막으로 다른 함수의 매개변수로 활용이 가능하다. sorted(), filter(), map() 같은 내장 함수와 함께 사용할 때 유용하다.

2.2 람다 함수의 활용

람다 함수는 단독으로 사용할 수도 있지만, 보통은 정렬, 필터링, 데이터 변형 등의 작업에 활용된다.

① 리스트 요소 변환 (map 함수 활용)

map() 함수와 람다 함수를 함께 사용하면 리스트의 모든 요소를 변환할 수 있다.

입력 코드

```
numbers = [1, 2, 3, 4, 5]
squared = list(map(lambda x: x**2, numbers))

print(squared)  # [1, 4, 9, 16, 25]
```

위 코드는 리스트의 각 요소를 제곱하여 새로운 리스트를 생성한다.

② 조건에 맞는 요소 필터링 (filter 함수 활용)

filter() 함수와 함께 사용하면 특정 조건을 만족하는 요소만 선택할 수 있다.

입력 코드

```
numbers = [10, 25, 32, 47, 55, 60]
even_numbers = list(filter(lambda x: x % 2 == 0, numbers))

print(even_numbers)  # [10, 32, 60]
```

위 코드는 리스트에서 짝수만 선택하여 새로운 리스트를 만든다.

③ 딕셔너리 정렬에서의 활용

딕셔너리는 기본적으로 순서가 없지만, sorted() 함수를 사용하면 특정 기준으로 정렬할 수 있다. 이때, 람다 함수를 사용하여 키 또는 값을 기준으로 정렬하는 것이 가능하다. 예를 들어, 학생들의 성적을 딕셔너리로 저장한 후 점수 순으로 정렬하고 싶다면 다음과 같이 작성할 수 있다.

입력 코드

```
student_scores = {
    "홍길동": 85,
    "김영희": 95,
    "이철수": 78,
    "박지성": 88
}

sorted_students = sorted(student_scores.items(), key=lambda x: x[1], reverse=True)

print(sorted_students)
# [('김영희', 95), ('박지성', 88), ('홍길동', 85), ('이철수', 78)]
```

위 코드에서 sorted() 함수는 student_scores.items()를 정렬하는데, key=lambda x: x[1] 부분에서 x[1]이 각 학생의 점수를 의미한다. 즉, 값(점수)을 기준으로 정렬하도록 설정한 것이다. reverse=True를 추가하면 내림차순 정렬이 된다.

람다 함수는 Python에서 데이터를 빠르게 처리하고 변형하는 데 매우 유용한 도구다. 특히 딕셔너리 정렬과 같은 작업에서 자주 사용되므로, 이를 잘 활용하면 코드의 가독성과 효율성이 크게 향상된다.

❐ 주요 개념 요약

1. 딕셔너리의 개념과 활용

- 딕셔너리는 데이터를 키(Key)와 값(Value) 쌍으로 저장하는 자료구조이다.
- 리스트와 달리 인덱스 대신 키를 사용하여 데이터를 검색하므로, 원하는 데이터를 빠르게 찾을 수 있다.
- 딕셔너리는 중괄호 {} 를 사용하여 생성하며, 여러 개의 키-값 쌍은 쉼표 ,로 구분한다.
- 딕셔너리에서 동일한 키를 여러 번 사용하면 가장 마지막 값이 저장된다.
- 딕셔너리에 데이터를 추가하려면 딕셔너리[키] = 값 형식으로 입력하면 된다.
- del 딕셔너리[키]를 사용하면 특정 키-값 쌍을 삭제할 수 있다.
- 특정 키가 존재하는지 확인하려면 "키" in 딕셔너리를 사용한다.

2. 딕셔너리의 주요 메소드

- keys() : 딕셔너리의 모든 키를 반환한다.
- values() : 딕셔너리의 모든 값을 반환한다.
- items() : 키-값 쌍을 튜플 형태로 반환한다.
- get(키, 기본값) : 키가 존재하면 값을 반환하고, 존재하지 않으면 기본값을 반환한다.
- pop(키) : 키에 해당하는 값을 반환하고 딕셔너리에서 삭제한다.

3. 집합(Set)의 개념과 활용

- 집합은 중복을 허용하지 않는 데이터 구조이다.
- 특정 요소가 존재하는지 빠르게 확인할 수 있으며, 수학적인 집합 연산(합집합, 교집합, 차집합 등)을 수행할 수 있다.
- 중괄호 {}를 사용하여 생성하며, 리스트와 달리 같은 값이 여러 번 들어갈 수 없다.
- 특정 요소가 존재하는지 확인하려면 "값" in 집합을 사용한다.
- add()를 사용하여 새로운 요소를 추가할 수 있다.
- remove() 또는 discard()를 사용하여 특정 요소를 삭제할 수 있다.
- 리스트에서 중복을 제거할 때 set(리스트)를 사용하면 유용하다.

4. 집합의 주요 연산

- | : 합집합 (두 개의 집합을 합친다)
- & : 교집합 (두 개의 집합에서 공통된 요소만 추출)
- - : 차집합 (첫 번째 집합에서 두 번째 집합의 요소를 제거)

5. 람다 함수의 개념과 활용

- 람다 함수는 익명 함수(Anonymous Function) 로, 한 줄로 간결하게 작성할 수 있다.
- 기본 구조는 lambda 매개변수: 표현식 이다.
- map(), filter(), sorted() 같은 내장 함수와 함께 사용하면 강력한 기능을 발휘한다.
- sorted() 함수에서 key=lambda x: x[1]을 사용하면 값을 기준으로 정렬할 수 있다.
- 리스트, 딕셔너리, 정렬, 필터링 등 다양한 곳에서 활용할 수 있다.

실습과제

01 학생 성적 관리 시스템을 만들어 보자. 학생들의 이름과 성적을 저장하는 딕셔너리를 생성하고, 사용자로부터 학생 이름과 점수를 입력받아 딕셔너리에 추가할 수 있도록 한다. 또한 특정 학생의 점수를 검색할 수 있도록 하며, 성적이 가장 높은 학생과 점수를 출력하고, 전체 학생의 평균 점수를 계산하여 출력하는 기능을 추가해 보자.

02 회사의 직원 급여를 관리하는 프로그램을 작성해 보자. 직원들의 이름과 급여를 저장하는 딕셔너리를 생성하고, 특정 직원의 급여를 검색할 수 있도록 한다. 또한 모든 직원의 평균 급여를 계산하여 출력하고, 급여가 가장 높은 직원과 가장 낮은 직원을 출력하는 기능을 구현해 보자.

03 음식 주문 시스템을 만들어 보자. 메뉴의 이름과 가격을 저장하는 딕셔너리를 생성하고, 사용자가 메뉴를 입력하면 해당 메뉴의 가격을 출력하도록 한다. 새로운 메뉴를 추가하거나 특정 메뉴를 삭제할 수 있도록 하고, 전체 메뉴 목록을 가격순으로 정렬하여 출력하는 기능도 추가해 보자.

04 대학생들이 수강한 과목을 관리하는 프로그램을 작성해 보자. 학생들이 선택한 수강 과목을 저장하는 집합을 생성하고, 특정 과목을 추가하거나 삭제할 수 있도록 한다. 또한 두 학생의 수강 과목을 비교하여 공통으로 수강하는 과목을 출력하고, 특정 과목이 수강 목록에 있는지 확인할 수 있도록 기능을 구현해 보자.

05 친구 목록을 관리하는 프로그램을 만들어 보자. 사용자가 친구 이름을 입력하면 집합에 추가되도록 하며, 중복된 친구 이름이 입력되지 않도록 한다. 특정 친구가 목록에 있는지 확인할 수 있도록 하고, 친구 목록을 정렬하여 출력하는 기능을 추가해 보자.

06 두 개의 숫자 집합을 생성하여 다양한 연산을 수행하는 프로그램을 만들어 보자. 두 집합의 합집합, 교집합, 차집합을 출력하고, 한 집합에만 포함된 요소들을 출력하는 기능을 구현해 보자.

07 회사 직원 데이터를 연봉 기준으로 정렬하는 프로그램을 작성해 보자. 직원들의 이름과 연봉을 저장하는 딕셔너리를 생성하고, 연봉을 기준으로 직원들을 내림차순 정렬하여 출력하도록 한다. 또한 특정 연봉 이상을 받는 직원만 필터링하여 출력하는 기능을 추가해 보자.

08 도서관에서 대출된 도서를 관리하는 시스템을 만들어 보자. 도서 제목과 대출 여부를 저장하는 딕셔너리를 생성하고, 사용자가 특정 책을 검색하면 해당 책의 대출 가능 여부를 출력하도록 한다. 새로운 책을 추가하거나 대출된 책을 반납할 수 있도록 하며, 전체 도서 목록을 가나다순으로 정렬하여 출력하는 기능도 구현해 보자.

09 영화 리뷰를 관리하는 프로그램을 만들어 보자. 영화 제목과 평점을 저장하는 딕셔너리를 생성하고, 사용자가 특정 영화를 검색하면 해당 영화의 평점을 출력하도록 한다. 또한 평점이 가장 높은 영화와 가장 낮은 영화를 출력하고, 영화 목록을 평점순으로 정렬하여 출력하는 기능을 추가해 보자.

10 사용자로부터 여러 개의 숫자를 입력받아 집합에 저장하고, 입력된 숫자의 개수, 최댓값, 최솟값, 평균을 계산하여 출력하는 프로그램을 만들어 보자. 또한 짝수만 출력하는 기능을 추가하여 데이터를 필터링하는 방법을 연습해 보자.

정답코드

01 학생 성적 관리 시스템

```
student_scores = {}

# 학생 성적 입력
for _ in range(3):  # 예제에서는 3명의 학생을 입력받음
    name = input("학생 이름을 입력하세요: ")
    score = int(input("학생 점수를 입력하세요: "))
    student_scores[name] = score

# 특정 학생 점수 검색
search_name = input("조회할 학생 이름을 입력하세요: ")
print(f"{search_name}의 점수: {student_scores.get(search_name, '해당 학생이 없습니다.')}")

# 최고 점수와 평균 계산
highest_student = max(student_scores, key=student_scores.get)
highest_score = student_scores[highest_student]
average_score = sum(student_scores.values()) / len(student_scores)

print(f"최고 점수 학생: {highest_student} ({highest_score}점)")
print(f"전체 평균 점수: {average_score:.2f}")
```

02 직원 급여 관리 시스템

```
salaries = {}

# 직원 정보 입력
for _ in range(3):
    name = input("직원 이름을 입력하세요: ")
    salary = int(input("직원 급여를 입력하세요: "))
    salaries[name] = salary

# 특정 직원 급여 조회
```

```
search_employee = input("조회할 직원 이름을 입력하세요: ")
print(f"{search_employee}의 급여: {salaries.get(search_employee, '해당 직원이 없습니다.')}원")

# 최고 및 최저 급여 출력
highest_employee = max(salaries, key=salaries.get)
lowest_employee = min(salaries, key=salaries.get)

print(f"최고 급여: {highest_employee} ({salaries[highest_employee]}원)")
print(f"최저 급여: {lowest_employee} ({salaries[lowest_employee]}원)")

# 평균 급여 계산
average_salary = sum(salaries.values()) / len(salaries)
print(f"평균 급여: {average_salary:.2f}원")
```

03 음식 주문 시스템

```
menu = {
    "아메리카노": 3000,
    "카페라떼": 3500,
    "바닐라라떼": 4000
}

while True:
    command = input("명령 입력 (조회/추가/삭제/정렬/종료): ")

    if command == "조회":
        item = input("조회할 메뉴를 입력하세요: ")
        print(f"{item}의 가격: {menu.get(item, '해당 메뉴가 없습니다.')}원")

    elif command == "추가":
        item = input("추가할 메뉴 이름: ")
        price = int(input("메뉴 가격: "))
        menu[item] = price
        print(f"{item}이(가) 추가되었습니다.")

    elif command == "삭제":
        item = input("삭제할 메뉴 이름: ")
```

```
        if item in menu:
            del menu[item]
            print(f"{item}이(가) 삭제되었습니다.")
        else:
            print("해당 메뉴가 없습니다.")

    elif command == "정렬":
        sorted_menu = sorted(menu.items(), key=lambda x: x[1])
        print("가격순 정렬:", sorted_menu)

    elif command == "종료":
        break
```

04 수강 과목 선택 시스템

```
subjects = set()

while True:
    command = input("명령 입력 (추가/삭제/공통 과목 비교/목록 확인/종료): ")

    if command == "추가":
        subject = input("추가할 과목: ")
        subjects.add(subject)

    elif command == "삭제":
        subject = input("삭제할 과목: ")
        subjects.discard(subject)

    elif command == "공통 과목 비교":
        other_subjects = set(input("다른 학생의 수강 과목을 입력 (쉼표로 구분): ").spl
it(","))
        print("공통 과목:", subjects & other_subjects)

    elif command == "목록 확인":
        print("현재 수강 과목:", subjects)

    elif command == "종료":
        break
```

05 친구 목록 관리 시스템

```
friends = set()

while True:
    command = input("명령 입력 (추가/삭제/확인/정렬/종료): ")

    if command == "추가":
        friend = input("추가할 친구 이름: ")
        friends.add(friend)

    elif command == "삭제":
        friend = input("삭제할 친구 이름: ")
        friends.discard(friend)

    elif command == "확인":
        friend = input("확인할 친구 이름: ")
        print(f"{friend}은 목록에 있습니다." if friend in friends else f"{friend}은
목록에 없습니다.")

    elif command == "정렬":
        print("정렬된 친구 목록:", sorted(friends))

    elif command == "종료":
        break
```

06 두 집합의 관계 분석

```
set1 = {1, 2, 3, 4, 5}
set2 = {3, 4, 5, 6, 7}

print("합집합:", set1 | set2)
print("교집합:", set1 & set2)
print("차집합:", set1 - set2)
print("대칭 차집합:", set1 ^ set2)
```

07 회사 직원 데이터 정렬

```
employees = {
    "김철수": 5000000,
    "이영희": 6500000,
    "박민수": 4800000
}

sorted_employees = sorted(employees.items(), key=lambda x: x[1], reverse=True)
print("연봉순 정렬:", sorted_employees)

threshold = int(input("최소 연봉 기준을 입력하세요: "))
high_earners = {name: salary for name, salary in employees.items() if salary >=
threshold}
print("연봉이 높은 직원 목록:", high_earners)
```

08 도서관 도서 관리 시스템

```
library = {}

while True:
    command = input("명령 입력 (추가/반납/조회/정렬/종료): ")

    if command == "추가":
        book = input("추가할 책 제목: ")
        library[book] = "대출 가능"

    elif command == "반납":
        book = input("반납할 책 제목: ")
        if book in library:
            library[book] = "대출 가능"

    elif command == "조회":
        book = input("조회할 책 제목: ")
        print(f"{book}: {library.get(book, '등록되지 않은 도서입니다.')}")

    elif command == "정렬":
```

```
        print("가나다순 정렬된 목록:", sorted(library.keys()))

    elif command == "종료":
        break
```

09 영화 리뷰 관리 시스템

```
movies = {
    "인셉션": 9.0,
    "인터스텔라": 8.8,
    "어벤져스": 8.5
}

highest = max(movies, key=movies.get)
lowest = min(movies, key=movies.get)

print(f"최고 평점 영화: {highest} ({movies[highest]})")
print(f"최저 평점 영화: {lowest} ({movies[lowest]})")

sorted_movies = sorted(movies.items(), key=lambda x: x[1], reverse=True)
print("평점순 정렬:", sorted_movies)
```

10 숫자 데이터를 활용한 통계 분석

```
# 사용자 입력을 받아 숫자 집합 생성
numbers = set(map(int, input("숫자를 입력하세요 (쉼표로 구분): ").split(",")))

# 입력된 숫자의 통계 정보 계산
count = len(numbers)
maximum = max(numbers)
minimum = min(numbers)
average = sum(numbers) / count

# 짝수 필터링
even_numbers = {num for num in numbers if num % 2 == 0}

# 결과 출력
```

```
print(f"입력된 숫자의 개수: {count}")
print(f"최댓값: {maximum}")
print(f"최솟값: {minimum}")
print(f"평균값: {average:.2f}")
print(f"짝수 목록: {sorted(even_numbers)}")
```

PART 4

데이터 과학을 시작하다

HTTP://Python.org

세상은 데이터로 가득 차 있다. 우리가 마시는 공기의 질, 주말에 떠나는 여행의 인기 지역, 하루 동안 움직인 걸음 수까지, 모든 것이 숫자와 기록으로 남아 흐르고 있다. 이 데이터들은 마치 바다처럼 광활하게 우리 주변을 둘러싸고 있지만, 그냥 바라보기만 해서는 그 안에 담긴 진짜 의미를 알 수 없다. 데이터를 통해 세상을 이해하려면 특별한 도구와 관점, 그리고 해석의 기술이 필요하다.

PART 4에서는 바로 이 데이터를 보는 눈을 기르고, 그것을 정리하고, 의미를 찾아내어 통찰로 이끄는 여정을 함께 시작하려고 한다. 이제 단순히 숫자를 보는 것이 아니라, 그 속에서 이야기를 발견하고, 스스로 질문을 던지고 답을 찾아가는 과정을 배우게 된다.

8장에서는 통계의 기초 개념을 중심으로 데이터를 요약하고 비교하는 방법을 익힌다. 평균, 분산, 중앙값 같은 지표들을 활용하여 데이터의 특성을 파악하고, 단순한 수치 이상의 의미를 읽어내는 통계적 사고를 기른다. 통계는 데이터 분석의 뿌리이자, 문제를 바라보는 첫 번째 도구가 된다.

9장에서는 데이터를 실제로 다루는 법을 배운다. 파이썬의 판다스(Pandas)를 활용하여 다양한 형태의 데이터를 불러오고, 정리하고, 연결해보는 분석의 미학을 체험한다. 데이터를 구조화하고, 필요에 따라 가공하는 과정을 통해 데이터는 비로소 정보로 바뀐다. 데이터는 그 자체로는 의미를 갖기 어렵지만, 잘 정리되고 연결될 때 이야기와 흐름을 드러낸다.

10장은 데이터를 '보는' 기술을 다룬다. 숫자의 나열이 아닌, 시각적인 표현을 통해 누구나 직관적으로 정보를 이해할 수 있도록 돕는 데이터 시각화는 현대 데이터 과학에서 가장 강력한 커뮤니케이션 도구이다. 선 그래프, 막대 그래프, 산점도와 같은 다양한 시각화 방법을 직접 구현해보며, 그래프 하나로 사람의 마음을 움직일 수 있는 예술을 경험하게 된다.

PART 4는 데이터 과학의 중요한 세 가지 요소—통계적 사고, 분석적 기술, 시각적 표현—을 하나의 흐름 속에서 경험하게 한다.

이를 통해 데이터가 단순한 수치를 넘어, 세상을 이해하고, 새로운 질문을 만들며, 답을 찾아가는 도구가 될 수 있다는 사실을 직접 체감할 수 있을 것이다.

이제 데이터는 어렵고 먼 것이 아니다. 우리 일상을 더 잘 이해하고, 더 나은 선택을 할 수 있도록 돕는 친구가 될 수 있다.

지금부터, 그 친구와 함께하는 데이터의 여정을 떠나보자.

CHAPTER

08 숫자와 대화하기: 수치 데이터의 언어

우리가 세상을 바라볼 때, 많은 정보를 숫자로 접하게 된다. 시험 점수, 키와 몸무게, 은행 잔고, 하루 걸음 수까지도 모두 숫자이다. 그런데 숫자를 단순히 나열하기만 해서는 그 의미를 제대로 알 수 없다. 숫자는 함께 모였을 때, 그리고 잘 정리되었을 때 비로소 이야기를 들려주기 시작한다.

예를 들어, 친구들의 키를 비교해본다고 하자.

각각의 키를 눈으로 하나하나 보는 것보다는, 평균 키가 얼마인지, 누가 가장 큰지, 작은지 정리해 보는 것이 훨씬 이해하기 쉽다. 이것이 바로 숫자와 대화하는 첫걸음이다. 그렇다면 이렇게 숫자를 다루고 계산하는 일을 어떻게 더 쉽고 빠르게 할 수 있을까?

바로 그 답이 NumPy(넘파이)라는 도구에 있다. NumPy는 숫자 데이터의 친구처럼, 우리가 숫자를 정리하고 계산하는 일을 도와준다.

수학을 잘 몰라도 괜찮다. 우리는 이제부터 NumPy를 통해 숫자와 자연스럽게 소통하는 방법을 배우게 될 것이다.

1 NumPy 알아보기

1.1 리스트와 NumPy 배열의 차이점

Python에서 리스트(list)는 여러 개의 값을 하나의 변수에 저장할 수 있도록 도와주는 자료구조이다. 쉽게 말해, 우리가 장바구니에 여러 개의 물건을 담듯이, 리스트를 사용하면 여러 개의 데이터를 한 번에 담아둘 수 있다. 리스트의 가장 큰 장점은 숫자, 문자열, 불리언 값(True, False) 등 서로 다른 종류의 데이터를 함께 저장할 수 있다는 점이다. 예를 들어, [10, "사과", True]와 같은 리스트를 만들면 숫자, 문자열, 그리고 불리언 값을 하나의 리스트에 담을 수 있다. 또한 리스트는 데이터를 추가하거나 삭제하는 것이 매우 쉽다.

입력 코드

```
# 리스트 사용
score = [10, "사과", True]
score.append("홍길동")
score.remove(10)
```

하지만 데이터 과학과 같은 분야에서는 훨씬 더 많은 데이터를 빠르고 효율적으로 처리할 수 있는 자료구조가 필요하다. 예를 들어, 수천 개 이상의 숫자로 이루어진 데이터가 있을 때, 리스트를 사용하여 데이터를 처리하면 속도가 느려지고, 연산이 복잡해질 수 있다. 이는 리스트가 본래 여러 가지 자료형을 다룰 수 있도록 설계되어 있어, 숫자만을 다루는 데 최적화되어 있지 않기 때문이다.

이러한 문제를 해결하기 위해 NumPy(넘파이)라는 라이브러리가 등장했다. NumPy는 Python에서 대량의 데이터를 빠르고 효율적으로 처리할 수 있도록 설계된 도구이다. 특히 배열(array)이라는 자료구조를 사용하여 데이터를 보다 간단하게 저장하고, 연산 속도를 빠르게 할 수 있다. 리스트와 달리, NumPy 배열은 모든 요소가 동일한 자료형을 가져야 하며, 내부적으로 C 언어 기반으로 작동하기 때문에 훨씬 더 빠르고 메모리를 적게 사용한다. 이를 통해 데이터 분석, 머신러닝, 인공지능과 같은 분야에서 대량의 데이터를 쉽고 빠르게 처리할 수 있다.

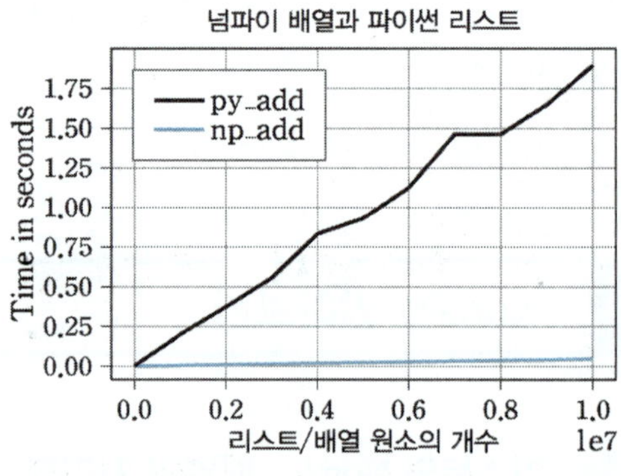

1.2 NumPy 배열(ndarray)의 장점

NumPy 배열이 가지는 주요 장점은 다음과 같습니다.

① 빠른 연산 속도

NumPy는 C 언어 기반으로 구현된 라이브러리이므로, 기본적인 Python 리스트보다 훨씬 빠른 연산이 가능하다. Python의 리스트는 개별 요소를 하나씩 저장하는 구조라서, 수많은 데이터를 처리할 때 속도가 느려지는 문제가 있는 반면, NumPy 배열은 연속된 메모리 공간에 데이터를 저장하기 때문에, CPU가 데이터를 더 빠르게 읽고 처리할 수 있다. 따라서 대량의 숫자를 다루는 계산에서는 NumPy 배열이 리스트보다 훨씬 효율적이다.

② 메모리 효율성

NumPy 배열은 같은 크기의 데이터를 저장할 때 리스트보다 적은 메모리를 사용한다. Python의 리스트는 각 요소가 개별적인 객체로 저장되기 때문에, 숫자가 많아질수록 메모리를 많이 차지한다. 반면, NumPy 배열은 모든 요소가 동일한 자료형(예: 정수, 실수)으로 저장되며, 불필요한 메타데이터(metadata)가 적어 리스트보다 더 적은 메모리를 사용하면서도 대량의 데이터를 저장할 수 있다.

예를 들어, 1,000개의 숫자를 저장하는 경우를 생각해보자.

입력 코드

```
# 넘파이와 리스트 비교
import numPy as np
import sys

list_nums = [i for i in range(1000)]
array_nums = np.array(list_nums)

# 리스트의 메모리 사용량 출력
print("리스트 크기:", sys.getsizeof(list_nums))

# NumPy 배열의 메모리 사용량 출력
print("NumPy 배열 크기:", array_nums.nbytes)
```

출력 결과

```
리스트 크기: 9024 바이트
NumPy 배열 크기: 4000 바이트
```

위 결과에서 알 수 있듯이, 같은 숫자를 저장하는데도 리스트는 9,000 bytes 이상을 사용한 반면, NumPy 배열은 4,000 bytes 정도만 차지하여 약 50% 이상의 메모리를 절약할 수 있다.

③ 벡터 연산 지원

리스트는 기본적으로 각 요소를 개별적으로 처리해야 하기 때문에, 여러 개의 숫자를 한꺼번에 계산하려면 반복문을 사용해야 한다. 반면, NumPy 배열은 벡터 연산(Vectorized Operations)을 지원하여 반복문 없이도 여러 개의 요소를 동시에 계산할 수 있다.

예를 들어, 학생들의 중간고사 점수와 기말고사 점수를 각각 리스트와 NumPy 배열로 저장한 후, 총점을 계산하는 코드를 비교해 보자.

입력 코드

```
# 리스트를 사용한 연산

# 중간고사와 기말고사 점수 리스트
mid_score = [88, 65, 78]
final_score = [77, 89, 100]

# 총점을 저장할 빈 리스트 생성
total_score = []

# for 문을 이용하여 요소별 합산
for i in range(len(mid_score)):
    total_score.append(mid_score[i] + final_score[i])

# 결과 출력
print("리스트로 계산한 총점:", total_score)
```

Python 리스트에서는 for문을 사용하여 각 요소를 개별적으로 접근하고 연산해야 한다. 반면 NumPy 배열을 사용하면 아래와 같이 for문 없이 벡터 연산으로 한 줄로 간결하게 계산할 수 있다.

입력 코드

```
# NumPy 배열을 사용한 연산
import numPy as np

# NumPy 배열로 변환
mid_score = np.array([88, 65, 78])
```

```
final_score = np.array([77, 89, 100])

# 벡터 연산을 이용한 총점 계산
total_score = mid_score + final_score

# 결과 출력
print("NumPy 배열로 계산한 총점:", total_score)
```

위 코드에서 np.array()는 리스트, 튜플 같은 파이썬 자료형을 NumPy 배열(ndarray)로 바꿔주는 함수이다. np.array() 함수를 이용하여 리스트나 튜플을 NumPy 배열로 바꾸면 mid_score + final_score 처럼 반복문 없이 한 줄만으로 배열 전체에 대한 연산을 수행할 수 있다. 이런 방식의 벡터 연산을 활용하면 더 짧은 코드로 빠르게 대량의 데이터를 처리할 수 있으며, 계산 속도도 훨씬 빨라진다.

결론적으로, NumPy 배열(ndarray)은 Python의 기본 리스트보다 훨씬 효율적이며, 데이터 과학, 인공지능, 머신러닝과 같은 분야에서 널리 사용된다.

NumPy의 특징을 다시 한번 정리하자면 다음과 같다.

- 빠른 연산 속도 – C 언어 기반의 최적화된 구조로 리스트보다 훨씬 빠르게 연산 가능
- 메모리 효율성 – 데이터를 연속된 메모리 공간에 저장하여 리스트보다 적은 메모리를 사용
- 벡터 연산 지원 – 반복문 없이도 배열 전체에 대한 수학적 연산을 빠르고 쉽게 수행할 수 있음

따라서 대량의 숫자 데이터를 다루는 경우, 일반적인 리스트보다 NumPy 배열을 사용하면 훨씬 더 효율적으로 데이터를 저장하고 계산할 수 있다.

1.3 NumPy 별칭 만들고, 간단한 연산하기

그렇다면 이제 NumPy 라이브러리 사용 방법에 대해 자세히 알아보자. Python에서 import 문을 사용하면 외부 라이브러리를 불러올 수 있다. NumPy를 사용할 때는 보통 import numPy as np 형태로 별칭(alias)을 지정하는데, 여기서 np는 NumPy를 짧게 부르는 약어다. 이렇게 하면 이후 코드에서 NumPy 대신 np만 입력해도 되므로 코드가 간결해진다.

입력 코드

```
# NumPy 라이브러리를 np라는 별칭으로 불러오기

import numPy as np
```

NumPy에서는 np.array() 함수를 사용하여 배열을 생성할 수 있다. Python의 리스트를 NumPy 배열로 변환하면 다양한 수학 연산을 쉽게 처리할 수 있다.

입력 코드

```
# 일반 리스트 생성
numbers_list = [1, 2, 3, 4, 5]

# 리스트를 NumPy 배열로 변환
numbers_array = np.array(numbers_list)

# 출력
print("Python 리스트:", numbers_list)
print("NumPy 배열:", numbers_array)
```

출력 결과

```
Python 리스트: [1, 2, 3, 4, 5]
NumPy 배열: [1 2 3 4 5]
```

위 결과에서 알 수 있듯이, Python 리스트는 숫자들을 포함하는 기본적인 자료구조이지만, NumPy 배열은 숫자를 더욱 효율적으로 저장하고, 수학적 연산을 빠르게 수행할 수 있도록 설계된 자료구조라고 할 수 있다.

따라서 NumPy 배열에서는 반복문 없이도 여러 개의 숫자를 한 번에 더하거나 곱하는 등의 연산을 수행할 수 있다. 이를 벡터 연산(Vectorized Operation)이라고 하며, 코드가 간결하고 실행 속도가 빠르다.

입력 코드

```
# NumPy 배열 생성
arr = np.array([10, 20, 30, 40, 50])

# 배열의 모든 요소에 5를 더하기
new_arr = arr + 5
```

```
# 결과 출력
print("원본 배열:", arr)
print("5를 더한 배열:", new_arr)
```

출력 결과

```
원본 배열: [10 20 30 40 50]
5를 더한 배열: [15 25 35 45 55]
```

NumPy를 사용하면 같은 크기의 두 배열에 사칙연산을 수행할 때 반복문 없이 한 줄로 계산할 수 있다.

입력 코드

```
# 두 개의 NumPy 배열 생성

a = np.array([1, 2, 3])
b = np.array([10, 20, 30])
print("a : ", a)
print("b : ", b)

# 덧셈 (+)
print("덧셈 결과: ", a + b)
# 뺄셈 (-)
print("뺄셈 결과: ", a - b)
# 곱셈 (*)
print("곱셈 결과: ", a * b)
# 나눗셈 (/)
print("나눗셈 결과: ", a / b)
```

출력 결과

```
a :  [1 2 3]
b :  [10 20 30]
덧셈 결과:  [11 22 33]
뺄셈 결과:  [ -9 -18 -27]
곱셈 결과:  [10 40 90]
나눗셈 결과:  [0.1 0.1 0.1]
```

이처럼 NumPy 배열을 사용하면 반복문 없이도 직관적이고 빠르게 수학 연산을 수행할 수 있다. 특히 NumPy에서는 나눗셈 연산에서 실수(float) 결과가 자동으로 반환되는 것을 볼 수 있다.

1.4 NumPy 배열 생성 함수

배열을 다룰 때, 숫자들을 빠르고 효율적으로 생성하고 계산해주는 도구가 있다면 정말 편리할 것이다. NumPy(넘파이) 라이브러리는 바로 그런 작업을 도와주는 다양한 함수를 제공한다. 이러한 함수 덕분에 넘파이는 수학 계산, 데이터 분석, 배열 처리에 특화된 기능을 갖추고 있으며, 복잡한 연산도 간단한 코드로 손쉽게 처리할 수 있게 해준다.

① np.array() – 넘파이 배열 만들기

np.array()는 파이썬의 리스트나 튜플 같은 자료를 넘파이의 배열로 바꾸어주는 함수이다. 넘파이 배열은 수학 계산이나 데이터 처리를 할 때 훨씬 빠르고 유용하게 사용할 수 있다. 파이썬의 기본 리스트도 숫자들을 저장할 수 있지만, 계산을 할 때 속도가 느리고 불편하다. 반면, 넘파이 배열은 한 줄 코드로 전체 값을 계산하거나, 행렬처럼 데이터를 다루기에 최적화되어 있다.

입력 코드

```
# np.array() 함수 사용
import numPy as np

arr = np.array([1, 2, 3, 4])
print(arr)   # 출력: [1 2 3 4]
```

위 코드처럼 리스트를 넘파이 배열로 바꾸면 여러 수학 연산을 간단하게 해결할 수 있다.

② np.arange() – 숫자들을 일정한 간격으로 생성하기

arange()는 숫자들을 일정한 간격으로 나열한 배열을 만들어주는 함수이다. 예를 들어 0부터 9까지 1씩 증가하는 숫자들을 만들 수 있다.

입력 코드

```
# np.arange() 함수 사용

arr = np.arange(0, 10, 2)
print(arr)   # 출력: [0 2 4 6 8]
```

위 코드에서 np.arange(0, 10, 2)는 0부터 시작해서 10보다 작을 때까지, 2씩 증가하면서 배열을 만들라는 의미가 된다. 이는 range(0, 10, 2)로 숫자들을 자동으로 생성하는 것과 비슷하다.

③ np.linspace() - 숫자를 균등하게 나누기

linspace()는 시작값과 끝값 사이를 일정한 개수로 나눠주는 함수이다. 예를 들어 0부터 1까지를 5개로 나누면 [0.0, 0.25, 0.5, 0.75, 1.0]이 된다.

입력 코드

```
# np.linspace() 함수 사용

arr = np.linspace(0, 10, 5)
print(arr)   # 출력: [ 0.   2.5  5.   7.5 10. ]
```

np.linspace(0, 10, 5)는 0부터 10까지를 5개 구간으로 나눈 값이다. 일상 속 예시로 비유하자면, 10cm 자를 5등분하면 각 눈금이 2.5cm 간격이 되는 것과 같다.

④ np.zeros() - 0으로 채운 배열 만들기

zeros()는 모든 값이 0인 배열을 만들고 싶을 때 사용하는 함수이다. 실험을 시작할 때 빈 데이터를 미리 만들어두는 데 유용하다.

입력 코드

```
# np.zeros()함수 사용

arr = np.zeros(4)
print(arr)   # 출력: [0. 0. 0. 0.]
```

np.zeros(4)는 크기가 4인 배열이 만들어지고, 모든 값이 0으로 채워진다.

⑤ np.ones() - 1로 채운 배열 만들기

ones()는 모든 값을 1로 채운 배열을 만들 때 사용한다. 이 역시 초기값을 설정하거나, 테스트할 때 자주 사용된다.

입력 코드

```
# np.ones() 함수 사용

arr = np.ones((2, 3))
print(arr)
# 출력:
# [[1. 1. 1.]
#  [1. 1. 1.]]
```

np.ones((2, 3))는 2행 3열짜리 배열이 만들어지고, 모든 값이 1로 채워진다.

⑥ np.eye() - 단위 행렬 만들기

eye()는 대각선이 1이고 나머지가 0인 배열, 즉 단위 행렬을 만드는 함수이다. 행렬 계산을 할 때 기준이 되는 행렬이다.

입력 코드

```
# np.eye() 함수 사용

arr = np.eye(3)
print(arr)
# 출력:
# [[1. 0. 0.]
#  [0. 1. 0.]
#  [0. 0. 1.]]
```

이렇듯 넘파이 함수를 사용하면 숫자를 다루는 작업을 더 빠르고 쉽게 할 수 있게 될 것이다. 더구나 그래프를 그리거나 데이터를 분석할 일이 있다면, NumPy 함수들이 정말 강력한 도구가 되어줄 것이다.

2 다차원 배열의 연산 및 인덱싱

2.1 NumPy의 배열(array)과 차원(Dimension)

배열(array)은 NumPy에서 데이터를 저장하는 기본 구조로, 여러 개의 숫자를 하나의 묶음으로 다룰 수 있는 자료구조를 의미한다. Python의 리스트(list)와 비슷하지만, 연산이 훨씬 빠르며, 수학적 기능이 풍부합니다.

배열에서 차원(Dimension)은 데이터가 정렬된 방식을 의미한다. 쉽게 말해, 배열의 차원은 데이터가 몇 개의 축(axis)을 따라 배열되어 있는지를 나타낸다.

배열의 차원은 데이터를 저장하는 방식에 따라 달라진다.

- 1차원 배열 (1D Array) → 숫자들이 한 줄로 나열된 리스트 형태
- 2차원 배열 (2D Array) → 행(row)과 열(column)로 이루어진 표(table) 형태
- 3차원 배열 (3D Array) → 여러 개의 2D 배열이 쌓인 입체적인 구조 예: 이미지, 3D 데이터
- 4차원 이상 (4D, 5D...) → 시간 또는 복잡한 데이터를 표현하는 구조, 예: 비디오 데이터

① 1차원 배열

"1차원 배열"은 Python의 리스트와 가장 비슷한 구조이다. 데이터가 한 줄로 나열된 형태이며, 각 요소는 하나의 인덱스(index)로 접근할 수 있다.

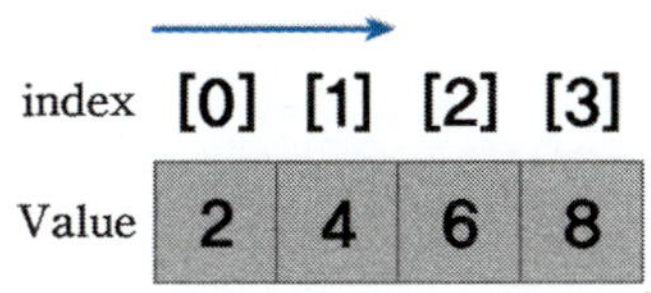

입력 코드

```
# 넘파이 배열 생성
import numPy as np

# 1차원 배열 생성
arr1d = np.array([2, 4, 6, 8])
print(arr1d)
print(arr1d[1])
```

출력 결과

```
[2 4 6 8]
4
```

1차원 배열은 데이터가 한 줄로 나열된 형태로, 각 요소는 1개의 인덱스로 접근이 가능하다.

② 2차원 배열

"2차원 배열"은 행(row)과 열(column)로 이루어진 표(table) 형태이다. 엑셀 시트, 데이터 프레임, 행렬(matrix)처럼 가로(행)와 세로(열) 구조로 데이터를 저장할 때 사용된다.

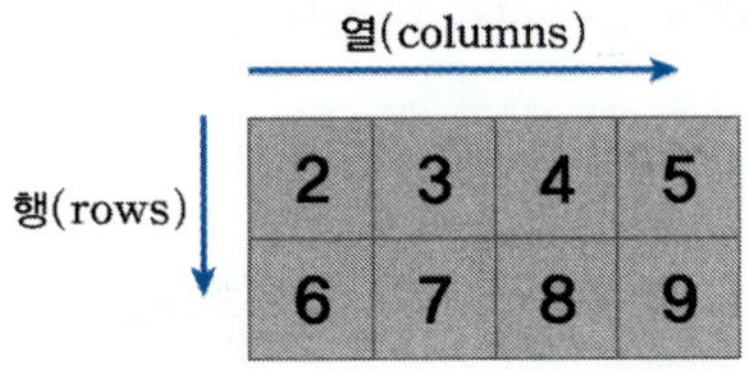

입력 코드

```
# 2차원 배열 생성 (2행 3열)
arr2d = np.array([[2, 3, 4, 5], [6, 7, 8, 9]])
print(arr2d)
print(arr2d[0][1])
```

출력 결과

```
[[2 3 4 5]
 [6 7 8 9]]
3
```

2차원 배열은 행(row)과 열(column)로 이루어진 표 형태로, 각 요소는 2개의 인덱스로 접근 가능하다.

③ 3차원 배열

"3차원 배열"은 2차원 배열이 여러 개 쌓인 형태로, shape 속성 값은 (배열 개수, 행 개수, 열 개수)을 의미한다. 그리고 각 요소는 3개의 인덱스로 접근할 수 있다.

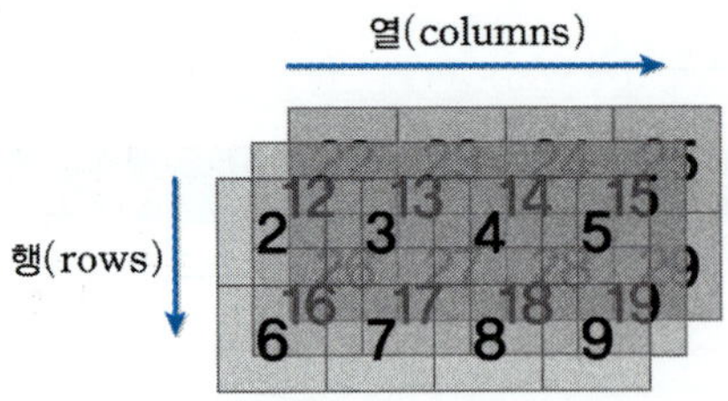

입력 코드

```
#3차원 배열 생성(3개의 4X2 행렬)
arr3d = np.array([
    [[2, 3, 4, 5], [6, 7, 8, 9]],
    [[12, 13, 14, 15], [16, 17, 18, 19]],
    [[22, 23, 24, 25], [26, 27, 28, 29]]
    ])

print(arr3d)
print(arr3d[0][1][2])
```

출력 결과

```
[[[ 2  3  4  5]
  [ 6  7  8  9]]

 [[12 13 14 15]
  [16 17 18 19]]

 [[22 23 24 25]
  [26 27 28 29]]]
8
```

3차원 배열은 주로 이미지 데이터 연산에서 각 픽셀의 (높이, 너비, 색상 채널) 형태 (예: 256×256 픽셀 다채널 이미지)를 표현하는 데 사용된다.

④ 4차원 배열

"4차원 배열"은 시간 또는 다른 차원을 추가하는 개념으로, 예를 들어, 동영상 데이터는 여러 개의 이미지(프레임)로 구성되므로 4차원 배열이 된다.

입력 코드

```
# 4차원 배열 생성 (2개의 3D 배열, 각각 2x3 크기)
arr4d = np.random.rand(2, 2, 3, 3) # 무작위 값 생성
print("차원 수:", arr4d.ndim)  #출력: 차원 수: 4
print("형태(shape):", arr4d.shape) #출력: 형태(shape): (2, 2, 3, 3)
```

실제 활용 예로는 비디오 데이터(프레임 수, 높이, 너비, 색상 채널), MRI 데이터(환자 수, 스캔 깊

이, 높이, 너비), 딥러닝 모델(배치 크기, 데이터 수, 특성 개수) 등을 표현할 수 있다.

2.2 다차원 배열의 주요 속성

NumPy 배열에는 다양한 속성이 있는데, 각 속성이 어떤 의미인지 하나씩 알아보도록 하자.

① ndim (배열의 차원 개수)

ndim 속성은 배열이 몇 차원인지를 알려준다. 예를 들어, 1차원 배열이면 ndim=1, 2차원 배열이면 ndim=2, 3차원 배열이면 ndim=3로 나타낸다.

입력 코드

```
# ndim (배열의 차원 개수)
import numPy as np

arr1d = np.array([1, 2, 3, 4, 5])
arr2d = np.array([[1, 2, 3], [4, 5, 6]])
arr3d = np.array([[[1, 2], [3, 4]], [[5, 6], [7, 8]]])

print("1차원 배열 ndim:", arr1d.ndim)  # 1
print("2차원 배열 ndim:", arr2d.ndim)  # 2
print("3차원 배열 ndim:", arr3d.ndim)  # 3
```

② shape (배열의 형태)

배열의 shape 속성은 배열이 몇 개의 행과 열을 가지고 있는지를 나타낸다. 즉, 배열의 크기를 (행 개수, 열 개수) 형태로 반환한다.

입력 코드

```
# shape(배열의 형태)
print("1차원 배열 shape:", arr1d.shape)  # (5,) → 1차원에서 5개의 원소
print("2차원 배열 shape:", arr2d.shape)  # (2, 3) → 2행 3열
print("3차원 배열 shape:", arr3d.shape)  # (2, 2, 2) → 2개의 2x2 배열
```

③ size (배열의 원소 개수)

size 속성은 배열에 포함된 모든 원소의 개수를 나타낸다. 이 값은 shape에 있는 모든 숫자를 곱한 값과 동일하다.

입력 코드

```
# shape(배열의 형태)
print("1차원 배열 size:", arr1d.size)  # 5
print("2차원 배열 size:", arr2d.size)  # 6 = 2×3
print("3차원 배열 size:", arr3d.size)  # 8 = 2×2×2
```

④ dtype (데이터 타입)

dtype 속성은 배열에 저장된 데이터의 자료형을 나타낸다. NumPy는 다양한 자료형을 지원하며, 보통 int, float 타입을 많이 사용한다.

입력 코드

```
# dtype(데이터 타입)
arr_int = np.array([1, 2, 3, 4, 5])
arr_float = np.array([1.1, 2.2, 3.3])
arr_str = np.array(["apple", "banana", "cherry"])

print("정수 배열 dtype:", arr_int.dtype)   # int32 (또는 int64)
print("실수 배열 dtype:", arr_float.dtype)  # float64
print("문자열 배열 dtype:", arr_str.dtype)  # <U6 (문자열)
```

이 외에도 몇 가지 배열의 속성을 추가해서 정리하면 다음과 같다.

속성	설명	예제
itemsize	각 원소의 크기(바이트)	arr.itemsize
data	배열의 메모리 위치	arr.data
stride	배열의 메모리 점프 크기	arr.strides

2.3 다차원 배열의 연산

다차원 배열을 다룰 때는 배열의 연산(Operations)과 인덱싱(Indexing) 개념을 이해하면 데이터를 효과적으로 처리할 수 있다.

① 배열의 요소별 연산 (Element-wise Operations)

배열의 요소별 연산은 배열의 모든 요소에 동일한 연산을 적용하는 방식이다. 아래 예와 같이, 배열의 각 요소에 덧셈, 뺄셈, 곱셈, 나눗셈 등의 연산을 수행할 수 있다.

입력 코드

```
# 배열의 요소별 연산
arr = np.array([[1, 2, 3], [4, 5, 6]])

print(arr + 10)  # 모든 요소에 10 더하기
print(arr * 2)   # 모든 요소에 2 곱하기
print(arr / 2)   # 모든 요소를 2로 나누기
print(arr ** 2)  # 모든 요소를 제곱하기
```

출력 결과

```
[[11 12 13]
 [14 15 16]]
[[ 2  4  6]
 [ 8 10 12]]
[[0.5 1.  1.5]
 [2.  2.5 3. ]]
[[ 1  4  9]
 [16 25 36]]
```

② 배열 간 연산 (Array-to-Array Operations)

배열끼리의 연산은 행렬의 연산과 같이 같은 위치의 요소끼리 연산이 이루어진다. 두 개의 배열을 더하거나 빼면, 각 요소끼리 대응되는 값을 연산하여 새로운 배열을 생성하게 된다.

입력 코드

```
# 배열간 연산
arr1 = np.array([[1, 2, 3], [4, 5, 6]])
arr2 = np.array([[10, 20, 30], [40, 50, 60]])

print(arr1 + arr2) # 요소별 덧셈
print(arr1 - arr2) # 요소별 뺄셈
print(arr1 * arr2) # 요소별 곱셈
print(arr1 / arr2) # 요소별 나눗셈
```

출력 결과

```
[[11 22 33]
 [44 55 66]]
[[ -9 -18 -27]
 [-36 -45 -54]]
[[ 10  40  90]
 [160 250 360]]
[[0.1 0.1 0.1]
 [0.1 0.1 0.1]]
```

2.4 다차원 배열의 인덱싱과 슬라이싱

배열에서 특정 위치의 값을 가져오는 것을 인덱싱(indexing)이라하고, 배열의 일부 데이터를 잘라내는 것을 슬라이싱(slicing)이라고 한다. Python 리스트에서도 list[0]처럼 특정 요소를 가져오거나 list[1:4]처럼 일부를 선택할 수 있듯이, NumPy 배열에서도 차원별로 인덱스를 지정해 원하는 부분을 쉽게 가져올 수 있다.

① 인덱싱(Indexing) – 특정 위치의 값 가져오기

배열의 인덱싱은 Python 리스트와 사용법이 동일하다. 각 요소는 0부터 시작하는 인덱스를 가지며, 이를 통해 특정 값을 가져올 수 있다. 음수 인덱스를 사용하면 뒤에서부터 요소를 선택할 수도 있다(-1은 마지막 요소).

차원별로 배열의 특정 요소에 접근할 때 인덱스는 아래와 같이 사용된다.

- 1차원 배열 → arr[index]
- 2차원 배열 → arr[row, column]
- 3차원 배열 → arr[depth, row, column]

입력 코드

```
# 1차원 배열 인덱싱
import numPy as np

# 1차원 배열 생성
arr1d = np.array([10, 20, 30, 40, 50])
```

```
# 특정 요소 가져오기
print(arr1d[0])  # 10 첫 번째 요소
print(arr1d[2])  # 30 세 번째 요소
print(arr1d[-1]) # 50 마지막 요소
```

입력 코드

```
# 2차원 배열 인덱싱
import numPy as np

# 2차원 배열 생성 (2행 3열)
arr2d = np.array([[1, 2, 3],
                  [4, 5, 6]])

# 특정 요소 가져오기
print(arr2d[0, 1])   #2  첫 번째 행, 두 번째 열의 값
print(arr2d[1, 2])   #6 두 번째 행, 세 번째 열의 값
print(arr2d[-1, -1]) #6  마지막 행, 마지막 열의 값
```

입력 코드

```
# 3차원 배열 인덱싱
import numPy as np

# 3차원 배열 생성 (2개의 2x3 배열)
arr3d = np.array([[[1, 2, 3], [4, 5, 6]],
                  [[7, 8, 9], [10, 11, 12]]])

# 특정 요소 가져오기
print(arr3d[0, 1, 2]) #6 첫 번째 배열 → 두 번째 행 → 세 번째 열 값
print(arr3d[1, 0, 1]) #8 두 번째 배열 → 첫 번째 행 → 두 번째 열 값
print(arr3d[-1, -1, -1]) #12 마지막 배열 → 마지막 행 → 마지막 열 값
```

② 슬라이싱(Slicing) – 배열의 일부 가져오기

"슬라이싱(Slicing)"은 배열에서 특정 구간을 잘라내는 방법으로, : (콜론)을 사용하면 배열의 일부를 가져올 수 있다. 슬라이싱의 기본 문법은 아래와 같다.

기본 문법 → arr[start:stop:step]

- start: 시작 인덱스 (생략하면 0부터)
- stop: 끝 인덱스 (이전까지 포함)
- step: 증가 간격 (기본값=1)

입력 코드

```
# 1차원 배열 슬라이싱

arr1d = np.array([10, 20, 30, 40, 50])

# 일부 요소 가져오기
print(arr1d[1:4])  # 두 번째 ~ 네 번째 요소
print(arr1d[:3])   # 처음부터 세 번째 요소까지
print(arr1d[2:])   # 세 번째 요소부터 끝까지
print(arr1d[::2])  # 한 칸씩 건너뛰며 선택
```

출력 결과

```
[20 30 40]
[10 20 30]
[30 40 50]
[10 30 50]
```

입력 코드

```
# 2차원 배열 슬라이싱

arr2d = np.array([[1, 2, 3],
                  [4, 5, 6]])

# 특정 행 선택
print(arr2d[0, :])  # 첫 번째 행 가져오기
# 특정 열 선택
print(arr2d[:, 1])  # 두 번째 열 가져오기
# 일부 행과 열 선택
print(arr2d[:, 0:2])  # 모든 행의 첫 번째~두 번째 열 선택
```

출력 결과

```
[1 2 3]
[2 5]
[[1 2]
 [4 5]]
```

입력 코드

```
# 3차원 배열 슬라이싱

arr3d = np.array([[[1, 2, 3], [4, 5, 6]],
                  [[7, 8, 9], [10, 11, 12]]])

# 특정 2D 배열 가져오기
print(arr3d[0])  # 첫 번째 2D 배열 가져오기

# 특정 행 가져오기
print(arr3d[1, 1, :])  # 두 번째 2D 배열 → 두 번째 행 가져오기

# 특정 열 가져오기
print(arr3d[:, :, 2])  # 모든 배열에서 세 번째 열 가져오기
```

출력 결과

```
[[1 2 3]
 [4 5 6]]
[10 11 12]
[[ 3  6]
 [ 9 12]]
```

3 NumPy 난수 생성과 정규 분포 쉽게 이해하기

난수(Random Number)는 특정 규칙 없이 무작위로 생성된 숫자를 의미한다. 실험 데이터가 없을 때 가짜 데이터를 만들어 테스트하고 싶을 때 또는 게임에서 주사위 숫자나 아이템이 랜덤하게 나올 때처럼, '운'이 작용하는 상황을 구현할 때 난수를 사용한다. Python의 NumPy 라이브러리는 다

양한 방식으로 난수를 생성할 수 있으며, 특히 정규 분포(Normal Distribution)를 따르는 난수를 만들 수도 있다. 데이터 분석, 머신러닝, 통계 등에서 난수를 활용하면 샘플 데이터를 만들거나 실험을 수행할 때 매우 유용하다.

3.1 NumPy 난수 생성 (Random Numbers)

NumPy에서는 np.random 모듈을 사용하여 다양한 형태의 난수를 생성할 수 있다. 데이터 분석이나 실험용 데이터를 만들 때 자주 활용되므로, np.random 모듈에서 자주 쓰이는 주요 함수들을 함께 익혀보자.

① np.random.rand() — 0부터 1 사이의 무작위 실수 만들기

rand() 함수는 0 이상 1 미만의 무작위 실수(float)를 생성한다. 아무 입력도 없으면 1개 숫자를 만들고, 괄호 안에 숫자를 넣으면 그 크기만큼 배열을 만들어준다. 이 함수는 균등 분포(Uniform Distribution)를 따른다.

입력 코드

```
# np.random.rand() 함수

import numPy as np
arr = np.random.rand(5)
print(arr)
# 출력 예: [0.13 0.85 0.64 0.09 0.21]  실행시마다 달라짐
```

이는 0과 1 사이의 '운에 맡긴 숫자 뽑기'라고 생각하면 된다. 복권 기계에서 공을 뽑는 느낌이다. 물론 2차원 배열로도 생성할 수 있다.

입력 코드

```
# np.random.rand() 함수

import numPy as np
arr = np.random.rand(2, 3)
print(arr)
# 출력 예: [[0.15 0.73 0.30]
#          [0.91 0.12 0.48]]
```

② np.random.randint() — 정수 난수 만들기

randint()는 정수 형태의 난수를 생성하는 함수이다. 숫자 범위를 지정할 수 있고, 몇 개를 만들지도 정할 수 있다.

입력 코드

```
# np.random.randint() 함수

import numPy as np

arr = np.random.randint(1, 7, size=5)
print(arr)
# 출력 예: [3 1 6 2 5]
```

np.random.randint(1, 7, size=5)는 1 이상 7 미만의 숫자 (즉, 1~6)를 5개 생성한다. 이는 마치 주사위 다섯 번 던지기와 같다.

③ np.random.choice() — 리스트에서 무작위로 고르기

choice()는 지정한 목록에서 랜덤하게 값을 뽑는 함수이다. 실제로 있는 데이터 중에서 하나 또는 여러 개를 선택할 수 있다.

입력 코드

```
# np.random.randint() 함수

import numPy as np

names = ["철수", "영희", "민수", "지영"]
selected = np.random.choice(names, size=2, replace=False)
print(selected)
# 출력 예: ['지영' '민수']
```

np.random.choice(names, size=2, replace=False)는 주어진 names 리스트 안에서 2개의 값을 무작위로 뽑되, replace=False는 중복 없이 뽑겠다는 의미이다.

④ np.random.seed() — 난수 고정하기

seed()를 설정하면 난수 생성 결과가 항상 똑같이 고정된다. 실험 재현이나 비교 분석에 꼭 필요하다.

입력 코드

```
# np.random.randint() 함수

import numPy as np

np.random.seed(42)
print(np.random.rand(3))
# 출력: [0.37454012 0.95071431 0.73199394]
```

같은 seed 값을 사용하면, 매번 실행해도 같은 결과가 나온다.

3.2 정규분포를 따르는 난수 생성

정규 분포(Normal Distribution)란 평균(mean)을 중심으로 데이터가 종 모양(벨 모양, Bell Curve)으로 분포하는 확률 분포를 의미한다. 가장 일반적인 통계적 분포이며, 자연현상에서 많이 나타나는 형태이다(예: 사람 키, 시험 점수 등). 정규분포를 따르는 데이터의 특징은 평균값을 중심으로 데이터가 대칭적으로 분포하며, 표준 편차(Standard Deviation, σ)가 클수록 데이터가 더 넓게 퍼진다.

- 평균(Mean, μ) → 데이터의 중심 값
- 표준 편차(Standard Deviation, σ) → 데이터가 평균을 기준으로 얼마나 퍼져 있는지 나타냄

① np.random.randn() — 표준 정규분포

NumPy의 np.random.randn()은 평균이 0, 표준 편차가 1인 표준 정규 분포(Standard Normal Distribution) 난수를 생성한다.

입력 코드

```
# 평균 0, 표준 편차 1을 따르는 정규 분포 난수 생성 (randn())

import numPy as np

# 표준 정규 분포를 따르는 난수 5개 생성
num3 = np.random.randn(5)
print(num3)# 평균 0, 표준 편차 1을 따르는 정규 분포 난수 생성 (randn())
```

출력 결과

```
[-1.11188012  0.31890218  0.27904129  1.01051528 -0.58087813]
```

② np.random.normal() — 평균과 표준편차를 지정

np.random.normal(평균, 표준 편차, 개수)을 이용하면 특정 평균(Mean)과 표준 편차(Standard Deviation)를 가진 정규 분포 데이터를 생성할 수 있다.

입력 코드

```
# 특정 평균과 표준 편차를 가지는 정규 분포 난수 생성 (normal())

# 평균 10, 표준 편차 2를 따르는 난수 5개 생성
rand_normal = np.random.normal(10, 2, 5)
print(rand_normal)
```

출력 결과

```
[ 5.72075869  8.74105008 11.19544093 15.11897606 10.78846604]
```

정규분포를 기반으로 한 데이터가 필요한 상황에서는 np.random.normal()을 사용하는 것이 더 유연하지만, 간단한 테스트 용도로는 randn()도 충분히 유용하다.

3.3 정규 분포 그래프 시각화하기

정규 분포는 데이터를 시각화하면 더욱 쉽게 이해할 수 있다. 아래는 평균이 0, 표준 편차가 1인 정규 분포 그래프이다. X축(값)과 Y축(빈도)을 보면, 가운데(평균)에 데이터가 몰려 있고, 양쪽으로 퍼져 있는 모양을 확인할 수 있다.

입력 코드

```
# 정규 분포 그래프 시각화하기
import numPy as np
import matplotlib.pyplot as plt

# Generate 1000 random numbers following a normal distribution with mean=0, std=1
data = np.random.normal(0, 1, 1000)

# Plot histogram
plt.hist(data, bins=30, density=True, alpha=0.6, color='b')
plt.title("Normal Distribution (Mean=0, Std=1)")
plt.xlabel("Value")
plt.ylabel("Probability Density")
plt.show()
```

출력 결과

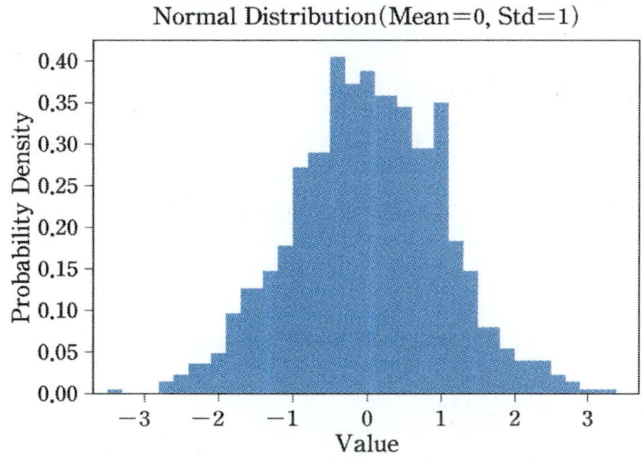
Normal Distribution(Mean=0, Std=1)
Probability Density
0.00
0.05
0.10
0.15
0.20
0.25
0.30
0.35
0.40
−3
−2
−1
0
1
2
3
Value

❐ 주요 개념 요약

1. NumPy 알아보기

- NumPy는 리스트보다 빠르고 효율적인 수치 데이터 처리 도구이다.
- np.array()를 사용하면 리스트를 배열로 변환하여 벡터 연산이 가능하다.
- 배열 생성 함수: np.array(), np.arange(), np.linspace(), np.zeros(), np.ones(), np.eye()

2. 다차원 배열의 연산 및 인덱싱

- NumPy 배열은 1D부터 4D까지 다양한 차원을 가질 수 있다.
- 주요 속성: ndim, shape, size, dtype
- 배열 간 연산: arr + 10, arr1 + arr2 (브로드캐스팅 지원)
- 인덱싱: arr[1], arr[0, 2], 슬라이싱: arr[1:4], arr[:, 1]

3. NumPy 난수 생성과 정규 분포

- 난수는 실험, 시뮬레이션 등에 필수이며 np.random 모듈로 생성 가능하다.
- 주요 함수: np.random.rand(), np.random.randint(), np.random.choice(), np.random.seed()
- 정규분포: 평균 중심의 종 모양 분포, np.random.randn(), np.random.normal()로 생성
- matplotlib.pyplot으로 정규분포 히스토그램을 시각화할 수 있다.

실습과제

01 쇼핑몰에서 5명의 고객이 물건을 구매했다. 각 고객의 구매 금액(원)은 아래와 같다. 모든 고객의 구매금액에서 10% 할인된 가격을 출력하고, 평균 구매 금액과 가장 비싼 구매 금액을 출력해 보자.

```
import numPy as np
amounts = np.array([15000, 32000, 45000, 22000, 50000])
```

출력 결과

```
할인된 가격: [13500. 28800. 40500. 19800. 45000.]
평균 구매 금액: 32800원
최댓값: 45000 원
```

02 5명 학생의 키(단위: cm)와 몸무게(단위: kg)를 아래와 같이 배열로 생성한다. 각 학생의 키와 몸무게를 이용하여 BMI를 계산하여 출력해 보자. 단, 출력 결과는 소수점 둘째 자리까지만 나오도록 한다. (np.round() 함수 사용)

```
import numPy as np

# 5명의 학생 키(cm)와 몸무게(kg) 데이터
heights = np.array([170, 165, 180, 175, 160])  # 키 (cm)
weights = np.array([65, 70, 80, 75, 55])  # 몸무게 (kg)
```

출력 결과

```
[22.49 25.71 24.69 24.49 21.48]
```

03 영화관 좌석이 아래와 같이 배치되어 있다. 좌석은 1(예약됨), 0(빈 좌석)으로 표시되었다. 현재 예약된 좌석 수와 빈 좌석 수를 출력하고, 마지막 줄의 빈 좌석을 예약(1로 변경)한 후 출력해 보자.

```
import numPy as np
seats = np.array([[1, 0, 1],
                  [0, 1, 0],
                  [1, 0, 0]])
```

출력 결과

```
예약된 좌석 수: 4 개
빈 좌석 수: 5 개
자동 예약 후 좌석 상태:
 [[1 0 1]
 [0 1 0]
 [1 1 1]]
```

04 로또번호는 1~45 사이의 숫자 6개를 랜덤하게 뽑는 시스템이다. 로또 번호 자동 생성기를 작성하여 로또번호 세트를 출력한다.

출력 결과

```
랜덤 로또 번호: [ 7 19 28 37 41 42]
랜덤 로또 번호: [ 3  4  9 19 32 39]
랜덤 로또 번호: [ 7 15 29 30 35 38]
랜덤 로또 번호: [ 4 22 27 32 34 45]
랜덤 로또 번호: [ 1  7  9 10 22 24]
```

05 한 학교에서 100명의 학생 키를 측정했더니, 평균이 170cm, 표준 편차가 10cm를 따르는 정규 분포를 보였다. 평균 170cm, 표준 편차 10cm를 따르는 100명의 키 데이터를 생성하고, 학생들의 평균 키와 가장 큰 학생의 키를 출력해 보자.

출력 결과

```
평균 키: 168.2 cm
가장 큰 학생의 키: 194.7 cm
```

정답코드

01 쇼핑몰 할인 계산기

```
import numPy as np

# 고객들의 원래 구매 금액
amounts = np.array([15000, 32000, 45000, 22000, 50000])

# 10% 할인 적용
discounted = amounts * 0.9

# 평균 구매 금액과 최댓값 계산
average_price = np.mean(amounts)
max_price = np.max(discounted)

# 결과 출력
print("할인된 가격:", discounted)
print(f"평균 구매 금액: {average_price:.0f}원")
print(f"최댓값: {max_price:.0f} 원")
```

02 학생들의 BMI 계산

```
import numPy as np

# 5명의 학생 키(cm)와 몸무게(kg) 데이터
heights = np.array([170, 165, 180, 175, 160])  # 키 (cm)
weights = np.array([65, 70, 80, 75, 55])  # 몸무게 (kg)

# 키를 미터(m) 단위로 변환
heights = heights / 100

# BMI 계산: 몸무게(kg) / 키(m)^2
bmi = weights / (heights ** 2)

# BMI 소수점 둘째 자리까지 출력
```

```
bmi_rounded = np.round(bmi, 2)
print(bmi_rounded)
```

03 영화관 좌석 예약 시스템

```
import numPy as np

# 영화관 좌석 배열 (1: 예약됨, 0: 빈 좌석)
seats = np.array([[1, 0, 1],
                  [0, 1, 0],
                  [1, 0, 0]])

# 예약된 좌석 개수와 빈 좌석 개수 계산
reserved = np.sum(seats == 1)
empty = np.sum(seats == 0)

# 마지막 줄의 빈 좌석을 자동 예약
seats[-1, seats[-1] == 0] = 1

# 결과 출력
print("예약된 좌석 수:", reserved, "개")
print("빈 좌석 수:", empty, "개")
print("자동 예약 후 좌석 상태:\n", seats)
```

04 로또 번호 자동 생성기

```
import numPy as np


for _ in range(5):
    # 로또 번호 생성 (1~45 중 6개 랜덤 선택)
    lotto = np.random.choice(np.arange(1, 46), 6, replace=False)

    # 정렬하여 출력
    sorted_lotto = np.sort(lotto)
    print("랜덤 로또 번호:", sorted_lotto)
```

05 학생 키 분석

```
import numPy as np

# 평균 170cm, 표준 편차 10cm를 따르는 학생 키 데이터 생성 (100명)
heights = np.random.normal(170, 10, 100)

# 평균 키와 가장 큰 학생의 키 계산
average_height = np.mean(heights)
max_height = np.max(heights)

# 결과 출력
print("평균 키:", round(average_height, 1), "cm")
print("가장 큰 학생의 키:", round(max_height, 1), "cm")
```

CHAPTER 09

데이터와 연결하기: 분석의 미학

데이터는 마치 흩어진 조각 퍼즐과 같다. 각각의 조각만 보고는 무슨 그림인지 알기 어렵지만, 그 조각들을 잘 맞추어 연결하면 비로소 하나의 완성된 그림이 나타난다. 데이터 분석도 마찬가지이다. 숫자와 글자들이 아무리 많아도, 제대로 정리되지 않으면 그 속에서 의미를 찾기 어렵다. 반대로, 데이터를 잘 정리하고 필요한 정보끼리 연결하면 숨어 있던 이야기와 패턴이 서서히 모습을 드러낸다.

우리가 일상에서 사용하는 엑셀은 이런 데이터를 정리할 때 정말 유용한 도구이다. 하지만 데이터가 많아지고, 반복적으로 처리해야 할 일이 많아질수록 엑셀은 점점 불편해진다. 자동으로 데이터를 불러오고, 빠르게 가공하고, 원하는 형태로 바꿀 수 있다면 얼마나 좋을까?

바로 이러한 일을 파이썬의 Pandas(판다스)가 도와준다.

이제 Pandas를 활용해, 엑셀처럼 친숙한 표 형태의 데이터를 파이썬에서 자유롭게 다루는 방법을 배워보자. 데이터를 불러오고, 정리하고, 연결하면서 데이터 분석의 미학을 직접 체험하게 될 것이다.

1 판다스와 데이터프레임 알아보기

1.1 판다스(pandas)

데이터 분석의 세계로 한 걸음 들어가면, 아주 자주 마주치게 되는 단어가 있다. 바로 데이터프레임(DataFrame)이다. 그리고 이 데이터프레임을 가장 손쉽고 편리하게 다룰 수 있게 해주는 도구가 바로 판다스(Pandas)라는 파이썬 라이브러리이다. Pandas(판다스)는 파이썬에서 표 형태의 데이터를 다루기 위한 도구이다. 엑셀처럼 행과 열이 있는 표, 즉 테이블 형태의 데이터를 만들고, 불러오고,

분석하고, 정리할 수 있게 도와준다.

판다스(Pandas)라는 이름은 원래 "패널 데이터(panel data)"에서 유래되었다.

패널 데이터란 시간의 흐름에 따라 여러 항목을 함께 관찰한 데이터 형식을 뜻한다. 즉, 시간 + 대상 = 표처럼 구성된 데이터이며, 판다스는 이런 패널형 데이터를 효과적으로 처리할 수 있게 설계된 것이다.

또한 Pandas는 이름도 귀엽고, 실제 로고도 귀여운 팬더(Panda) 그림을 쓰기 때문에 한 번 보면 기억에 쏙 들어온다!

판다스는 엑셀보다 훨씬 더 다양한 기능을 가지고 있고, 파이썬 코드 몇 줄만으로도 많은 일을 해낼 수 있다.

Pandas를 이용하면 대표적으로 아래와 같은 작업이 가능하다.

① 다양한 데이터를 읽고 변환할 수 있다.

- 파이썬의 리스트나 딕셔너리 같은 자료를 표 형태로 변환할 수 있다.
- 엑셀 파일이나 CSV 파일 같은 외부 파일을 쉽게 읽어올 수 있다.
- 인터넷에 있는 데이터를 URL만 입력해서 바로 불러오는 것도 가능하다. (예: 웹에 있는 csv, json 파일 등)

② 데이터를 요약하고 살펴볼 수 있다

- sum(), mean() 함수를 사용하면 모든 숫자 데이터의 합산, 평균을 쉽게 계산할 수 있다.
- corr() 함수로는 열(column)들 사이의 관계(상관관계)를 볼 수 있다.
- count() 함수를 쓰면 각 열에 있는 데이터 개수(비어 있지 않은 값의 개수)를 알 수 있다.

③ 데이터를 정렬하거나, 나눠서 분석할 수 있다

- sort_values()를 쓰면 원하는 기준에 따라 데이터를 오름차순 또는 내림차순으로 정렬할 수 있다.
- 조건을 걸어서 특정 조건을 만족하는 데이터만 필터링할 수 있다. 예를 들어, "키가 170 이상인 사람만 보기"처럼 조건을 줄 수 있다.
- groupby()를 사용하면 기준을 정해서 데이터를 여러 그룹으로 나눠서 분석할 수 있다. 예: 지역별, 연도별, 성별로 나누어 평균 내기 등

④ 데이터를 정제하고 수정할 수 있다

- isna()를 이용하면 누락된 값이 있는지 찾아낼 수 있고, fillna()를 이용하면 비어 있는 데이터를 원하는 값으로 채울 수 있다.
- 잘못된 값을 바르게 고치거나, 새로운 계산된 열(column)을 쉽게 추가할 수도 있다.

1.2 데이터프레임(DataFrame)

데이터 분석에서 가장 자주 사용하는 데이터 구조는 바로 데이터프레임(DataFrame)이다. 데이터프레임은 판다스(Pandas)에서 제공하는 데이터 구조인데, 한마디로 말하자면 "엑셀처럼 생긴 표"라고 생각하면 된다.

우리가 평소에 많이 봐왔던 엑셀 표, 성적표, 고객 명단, 제품 목록 같은 데이터는 대부분 행과 열로 구성되어 있다. 이런 데이터를 파이썬에서는 데이터프레임이라는 형태로 다룰 수 있다.

데이터프레임은 아래처럼 행(row)과 열(column)로 이루어져 있다.

예를 들어 다음과 같은 표가 있다고 가정해 보자:

이름	나이	지역
철수	24	서울
영희	22	부산
민수	25	대전

이 표는 판다스에서 데이터프레임으로 만들 수 있고, 파이썬 코드로는 이렇게 표현한다.

입력 코드

```
# 데이터프레임 만들기
import pandas as pd

data = {
    "이름": ["철수", "영희", "민수"],
    "나이": [24, 22, 25],
    "지역": ["서울", "부산", "대전"]
}

df = pd.DataFrame(data)
print(df)
```

출력 결과

```
   이름  나이  지역
0  철수   24   서울
1  영희   22   부산
2  민수   25   대전
```

여기서 df는 데이터프레임이고, 이렇게 데이터프레임 형태로 데이터를 묶어놓으면 다양한 분석에 사용할 수 있게 된다.

데이터프레임을 잘 다룰 줄 아는 것은 데이터 분석의 시작이라고 할 수 있다.

그 이유는 다음과 같다.

- 엑셀처럼 표 형태로 되어 있어서 이해하고 읽기 쉽다.
- 필요한 부분만 골라서 쉽게 추출하거나 정리할 수 있다.
- 숫자 데이터는 바로 계산하거나 평균, 합계 등을 구할 수 있다.
- 많은 데이터를 빠르고 쉽게 분석, 정렬, 그룹화할 수 있다.
- 다른 파일(CSV, 엑셀, 데이터베이스 등)과도 쉽게 연결된다.

1.3 데이터프레임(DataFrame)의 구성요소

데이터프레임은 다음과 같은 구성 요소를 가지고 있다.

요소 이름	설명
행 (row)	한 사람(또는 한 항목)의 정보 한 줄
열 (column)	같은 항목의 정보 모음 (예: 이름, 나이, 지역 등)
인덱스 (index)	각 행의 번호 또는 이름 (기본은 0부터 시작)
컬럼 이름 (column names)	각 열의 제목 (예: "이름", "나이", "지역")
시리즈(Series)	모든 유형의 데이터를 보유하는 1차원 레이블 배열
데이터프레임(DataFrame)	행과 열로 구성된 표와 같은 2차원 배열

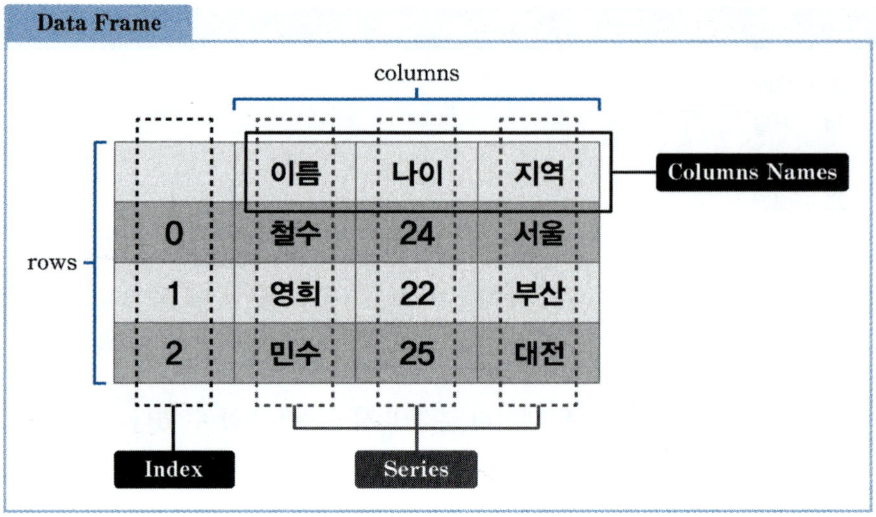

1.4 데이터프레임(DataFrame)을 만드는 다양한 방법

데이터프레임을 만들기 위해서는 먼저 어떤 데이터를 어떤 방식으로 저장할지를 정해야 한다. 판다스에서는 파이썬에서 자주 쓰는 자료형들을 이용해 손쉽게 데이터프레임을 만들 수 있다. 예를 들어 딕셔너리(dictionary), 리스트(list), 또는 시리즈(Series)를 활용할 수 있다.

① 리스트를 이용한 데이터프레임 생성

파이썬에서는 리스트 안에 리스트를 넣어서 행(row) 중심으로 데이터를 표현할 수도 있다. 이 경우에는 데이터프레임을 만들 때 열 이름을 따로 지정해주어야 한다.

입력 코드

```
# 리스트로 데이터프레임 만들기
import pandas as pd

data = [
    ["철수", 24, "서울"],
    ["영희", 22, "부산"],
    ["민수", 25, "대전"]
]

df = pd.DataFrame(data, columns=["이름", "나이", "지역"])
print(df)
```

이 코드를 실행하면, 아래와 같은 데이터프레임이 만들어진다.

출력 결과

```
   이름  나이  지역
0  철수   24   서울
1  영희   22   부산
2  민수   25   대전
```

② 딕셔너리를 이용한 데이터프레임 생성

가장 많이 쓰이고 직관적인 방법이다. 딕셔너리는 '이름: 값' 형태로 정보를 저장하는 구조이기 때문에, 열 이름을 딕셔너리의 키(key)로 쓰고, 데이터 값을 리스트로 넣어 여러 줄의 정보를 표현할 수 있다.

입력 코드

```
# 딕셔너리로 데이터프레임 만들기
import pandas as pd

data = {
    "이름": ["철수", "영희", "민수"],
    "나이": [24, 22, 25],
    "지역": ["서울", "부산", "대전"]
}

df = pd.DataFrame(data)
print(df)
```

딕셔너리를 사용할 경우, 열 이름과 열마다 들어갈 값을 눈에 보이게 정리할 수 있어 이해하기 쉽다.

딕셔너리를 이용하는 다른 방법은 리스트 안에 딕셔너를 넣는 방법이다. 예를 들어 각 사람의 정보를 하나의 딕셔너리로 만들고, 그 딕셔너리를 리스트 안에 넣는 것으로, 이 방식은 사람마다 항목이 다를 수도 있는 경우나 외부에서 받은 JSON 데이터를 변환할 때 자주 사용된다. 이때, 딕셔너리 하나가 표의 한 행(row)이 되며, 열 이름은 자동으로 각 딕셔너리의 키를 따라간다.

입력 코드

```
# 리스트 안에 딕셔너리로 데이터프레임 만들기
import pandas as pd

data = [
    {"이름": "철수", "나이": 24, "지역": "서울"},
    {"이름": "영희", "나이": 22, "지역": "부산"},
    {"이름": "민수", "나이": 25, "지역": "대전"}
]

df = pd.DataFrame(data)
print(df)
```

③ 시리즈(Series)들을 모아 데이터프레임 생성

판다스에서는 Series(시리즈)라는 단위를 이용해 열(column) 하나씩 따로 만들 수 있다. 시리즈 여러 개를 만들어 묶으면 하나의 데이터프레임이 완성된다.

입력 코드

```
# 시리즈를 모아 데이터프레임 만들기
import pandas as pd

name_series = pd.Series(["철수", "영희", "민수"])
age_series = pd.Series([24, 22, 25])
region_series = pd.Series(["서울", "부산", "대전"])

df = pd.DataFrame({
    "이름": name_series,
    "나이": age_series,
    "지역": region_series
})
print(df)
```

이 방법은 각 열을 따로 관리하고 싶은 경우나, 여러 개의 시리즈를 시각적으로 설명할 때 특히 유용하다.

④ 외부 파일(CSV) 불러와서 데이터프레임 생성

실제로 데이터를 다룰 때는 이미 저장된 외부 파일을 불러와서 데이터프레임으로 만드는 경우가 훨씬 많다. 특히 CSV 파일은 데이터 분석에서 가장 많이 사용되는 파일 형식 중 하나이다.

입력 코드

```
# 외부 파일(.csv) 불러와서 데이터프레임 만들기
import pandas as pd

# CSV 파일 불러오기
df = pd.read_csv("data.csv")
print(df.head())
```

파일에서 데이터를 읽어오는 방법은 매우 간단하며, 파일 이름만 정확히 지정해주면 데이터프레임으로 바로 불러올 수 있다.

위 코드에서 CSV는 "Comma Separated Values"의 약자로, 뜻을 풀어보면 쉼표로 구분된 값들이라는 의미이다. 즉, CSV 파일은 하나의 줄에 데이터 한 행(row)을 적고, 그 안에서 각 항목(열, column)은 쉼표(,)로 구분하는 형식이다. 예를 들어 이런 내용의 CSV 파일이 있다고 생각해보자.

```
이름,나이,지역
철수,24,서울
영희,22,부산
민수,25,대전
```

이 파일은 아래처럼 표로 표현될 수 있다.

이름	나이	지역
철수	24	서울
영희	22	부산
민수	25	대전

CSV 파일은 이렇게 엑셀과 비슷한 구조를 가지고 있지만, 사실은 단순한 텍스트 파일이다. 메모장이나 파이썬 코드로도 쉽게 만들고 열 수 있다.

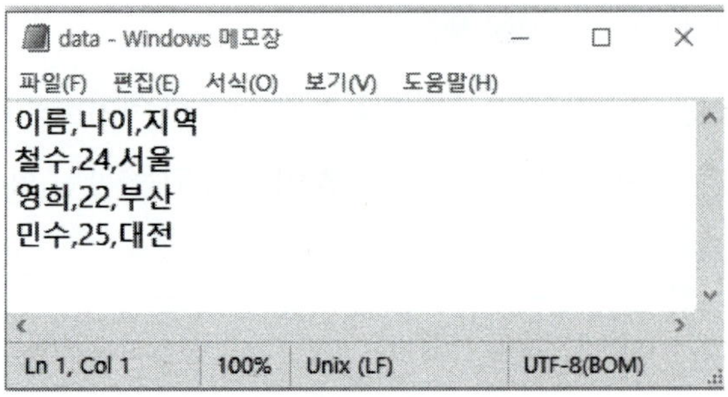

CSV의 장점은 다음과 같다.

- **단순하고 가볍다** : CSV 파일은 복잡한 설정이 없고, 글자로만 되어 있어서 용량이 작다.
- **호환성이 매우 높다** : 엑셀, 파이썬, R, 데이터베이스, 웹 등 대부분의 프로그램에서 읽고 쓸 수 있다.
- **사람이 읽을 수 있다** : CSV 파일은 특수한 형식이 없기 때문에 메모장으로 열어도 내용을 확인할 수 있다.
- **판다스로 바로 불러올 수 있다** : pd.read_csv() 한 줄이면 판다스에서 데이터프레임으로 쉽게 읽어올 수 있다.

CSV에서 주의할 점

CSV는 단순한 구조이기 때문에, 다음과 같은 몇 가지 주의사항이 있다:

- **쉼표(,)가 데이터 안에 있을 때는 반드시 따옴표로 감싸야 한다.**
  예를 들어 "김,철수"처럼 이름에 쉼표가 들어가는 경우,
  이 전체를 " "로 감싸야 하나의 데이터로 인식된다.
- **첫 번째 줄이 열 이름이라는 규칙은 있지만, 반드시 그런 건 아니다.**
  보통 CSV 파일의 첫 줄은 열(column) 이름으로 사용되지만,
  만약 그렇지 않다면 판다스에서 header=None 옵션을 추가해 직접 열 이름을 지정해줘야 한다.
- **인코딩 문제에 주의해야 한다.**
  간혹 한글이 깨져 보일 때가 있는데, 이럴 땐 encoding='utf-8-sig' 또는 encoding='cp949' 옵션을 사용하면 해결할 수 있다.

분석한 데이터프레임을 다시 CSV로 내보낼 수도 있다.

입력 코드

```
# 데이터프레임을 csv파일로 내보내기

df.to_csv("결과.csv", index=False, encoding="cp949")
```

위 코드를 실행하면 데이터프레임 df가 "결과.csv"라는 파일 이름으로 저장된다. 이때, index=False는 행 번호(0, 1, 2...)를 저장하지 않겠다는 뜻이다. encoding="cp949"는 한글이 깨지지 않도록 도와준다.

⑤ 엑셀 파일(xls 또는 xlsx) 불러와서 데이터프레임 생성

엑셀에서 데이터를 직접 분석할 수도 있지만, 데이터의 양이 많거나 월별/분기별로 데이터 값이 달라지는 경우를 고려했을 때, 더 많은 데이터를 더 빠르고 자동화된 방식으로 분석하고 싶다면 이미 만들어져 있는 엑셀 파일을 파이썬으로 불러와서 사용할 수 있다. 특히 학교, 회사, 공공기관 등에서는 데이터를 엑셀로 정리하는 경우가 많기 때문에, 엑셀 파일을 불러오는 방법은 꼭 익혀두는 것이 좋다.

이제 파이썬 코드를 이용해서 외부 엑셀 파일을 불러와 보자. 학생정보.xlsx라는 이름의 엑셀 파일에 다음과 같은 내용이 저장되어 있다고 가정해보자.

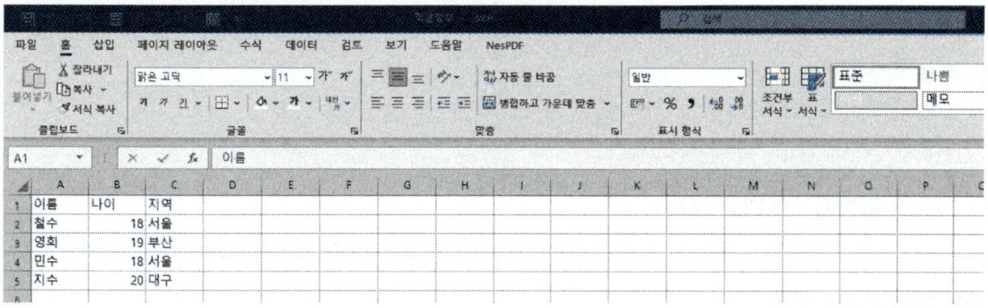

엑셀 파일을 불러오는 코드는 다음과 같다.

입력 코드

```
# 외부 파일(.xlsx) 불러와서 데이터프레임 만들기
import pandas as pd

df = pd.read_excel("학생정보.xlsx", sheet_name="학생정보", index_col=0)
print(df)
```

이때, 파일 이름은 실제 파일과 일치해야 한다. 또한 엑셀 파일에는 하나의 문서 안에 여러 개의 '시트'가 들어 있을 수 있다. 이럴 때는 sheet_name이라는 옵션을 사용해서 특정 시트를 선택할 수 있다. index_col=0은 첫 번째 열을 행의 번호 대신 사용하겠다는 의미이다.

출력 결과는 아래와 같은 데이터프레임이 된다.

출력 결과

```
    나이  지역
이름
철수  18  서울
영희  19  부산
민수  18  서울
지수  20  대구
```

추가로 .to_excel()을 이용하여 데이터프레임을 엑셀 파일로 내보낼 수 있다.

입력 코드

```
# 엑셀 파일로 저장하기
df.to_excel("학생정보_new.xlsx", index=False, engine="openpyxl")
```

xlsx 파일 불러올 때 주의할 점

- **파일 경로 확인하기**
  엑셀 파일이 현재 파이썬 파일과 같은 폴더에 있지 않다면, 경로를 정확하게 써야 한다.
  예: pd.read_excel("data/학생명단.xlsx")
- **파일 이름과 확장자 철자 확인하기**
  .xlsx와 .xls는 둘 다 엑셀 파일이지만 형식이 조금 다르므로, 저장된 확장자를 정확히 써야 한다.
- **영문의 파일명 사용하기**
  한글 파일명도 가능하지만, 한글 경로에 따라 인코딩 문제가 생길 수 있으니 영문 폴더 안에 두는 것이 좋다.

이처럼 판다스를 사용하면 다양한 방법으로 표 형태의 데이터를 만들 수 있다. 이제 우리가 만든 데이터프레임을 어떻게 바꾸고, 필요한 데이터만 뽑아내고, 분석할 수 있는지도 함께 배워보자.

2 데이터 탐색

데이터를 다루기 전에, 그 데이터가 어떤 모양인지, 어떤 값들이 있는지 알아보는 것이 중요하다. 이 과정을 "탐색적 데이터 분석(EDA: Exploratory Data Analysis)"이라고 한다.

파이썬의 판다스(Pandas)에서는 이런 탐색적 데이터 분석을 도와주는 함수들이 있다. 아래와 같이 제공된 'exam.csv'파이을 불러와서 데이터프레임을 준비해 본다.

입력 코드

```
import pandas as pd

# CSV 파일 읽기
df = pd.read_csv("exam.csv", encoding='cp949')

# 데이터 확인
print(df)
```

출력 결과

```
    id  nclass  name  math  english  science
0    1       1  박우빈  50.0     98.0       50
1    2       1  김영우  60.0     97.0       60
2    3       1  고민영  45.0     86.0       78
3    4       1  한정민  30.0     98.0       58
4    5       2  정우정  25.0     80.0       65
5    6       2  이희우  50.0     89.0       98
6    7       2  이봄희  80.0     90.0       45
7    8       2  손희봄  90.0     78.0       25
8    9       3  김미희  20.0     98.0       15
9   10       3  명언미  50.0      NaN       45
10  11       3  김엽언  65.0     65.0       65
11  12       3  김지엽   NaN     85.0       32
12  13       4  권영지  46.0     98.0       65
13  14       4  구경영  48.0     87.0       12
14  15       4  이민경  75.0     56.0       78
15  16       4  이현민  58.0     98.0       65
16  17       5  금원현   NaN     68.0       98
```

```
17  18     5  국선원  80.0    78.0     90
18  19     5  장나나  89.0    68.0     87
19  20     5  조현산  78.0    83.0     58
```

2.1 데이터 내용을 미리 보여주는 head(), tail()

head()는 데이터의 앞단, tail()은 뒷단을 미리 볼 수 있다. 기본은 5줄을 미리 보여주며, 괄호() 안에 숫자를 입력해 해당 숫자만큼의 행을 볼 수 있다.

입력 코드

```
# 데이터 미리 보기
# head() 함수
print(df.head())
print(df.head(10))  # 처음 10줄 보기

# tail() 함수
print(df.tail())
print(df.tail(10))  # 마지막 10줄 보기
```

2.2 기본 정보를 보여주는 info()

데이터프레임의 모든 기본 정보(타입, 행/열 크기, 타입, 메모리 등)를 보여준다.

입력 코드

```
# 데이터프레임 기본 정보 확인

print(df.info())
```

출력 결과

```
<class 'pandas.core.frame.DataFrame'>
RangeIndex: 20 entries, 0 to 19
Data columns (total 6 columns):
 #   Column   Non-Null Count   Dtype
---  ------   --------------   -----
 0   id        20 non-null     int64
 1   nclass    20 non-null     int64
```

```
 2  name      20 non-null   object
 3  math      18 non-null   float64
 4  english   19 non-null   float64
 5  science   20 non-null   int64
dtypes: float64(2), int64(3), object(1)
memory usage: 1.1+ KB
None
```

info() 함수의 결과를 보면 다음과 같은 정보를 빠르게 파악할 수 있다.

- 몇 개의 행(row)과 열(column)이 있는지
- 각 열의 이름(name)
- 각 열에 결측값(missing value)이 있는지
- 각 열의 데이터 타입은 어떤지 (정수인지? 실수인지? 문자인지?)

2.3 기초통계량을 요약하는 describe()

describe()은 데이터의 기초통계량을 제공한다. 즉, describe() 함수는 기본적으로 숫자 칼럼(수치형 데이터)들을 빠르게 요약해서 보여주는 함수이다. 모든 칼럼에 대한 요약이 필요한 경우 include="all" 옵션을 추가한다.

입력 코드

```
# 기초 통계량 요약

print(df.describe())
```

출력 결과

```
             id     nclass       math    english    science
count  20.00000  20.000000  18.000000  19.000000  20.000000
mean   10.50000   3.000000  57.722222  84.210526  59.450000
std     5.91608   1.450953  21.165470  12.843411  25.292968
min     1.00000   1.000000  20.000000  56.000000  12.000000
25%     5.75000   2.000000  46.500000  78.000000  45.000000
50%    10.50000   3.000000  54.000000  86.000000  62.500000
75%    15.25000   4.000000  77.250000  97.500000  78.000000
max    20.00000   5.000000  90.000000  98.000000  98.000000
```

위 코드의 결과를 보면 다음과 같은 정보를 빠르게 파악할 수 있다.

- count : 데이터 개수(결측치 제외)
- mean: 평균
- std: 표준편차(데이터 퍼짐 정도)
- min : 가장 작은값
- 25% : 1사분위수
- 50% : 중앙값(2사분위수)
- 75% : 3사분위수
- max: 가장 큰 값

즉, 데이터를 일일이 보지 않아도 전체적인 분포와 중심을 한눈에 알 수 있다. 예를 들어 각 과목의 describe() 결과를 보면

- count: 몇 명이 시험을 봤는지
- mean: 평균 점수
- std: 점수가 들쑥날쑥한 정도(작을수록 값들이 평균 근처에 모여 있는 것이고, 클수록 값들이 넓게 퍼져 있다는 의미)
- min, max: 가장 낮은 점수, 가장 높은 점수
- 25%, 50%, 75%: 점수를 낮은 순으로 정렬했을 때 어느 지점에 위치하는지 알려주는 값이라고 해석할 수 있다.

2.4 데이터프레임의 크기를 보여주는 shape

데이터프레임의 행 개수와 열 개수를 보여준다. shape는 데이터프레임의 속성이므로 괄호( )를 붙이지 않는다.

입력 코드

```
# 데이터프레임 크기 확인

print(df.shape)
```

출력 결과

```
(20, 6)
```

2.5 항목별 타입을 보여주는 dtypes

데이터프레임의 각 열의 타입을 보여준다. dtypes 역시도 데이터프레임의 속성이므로 괄호( )를 붙이지 않는다.

입력 코드

```
# 열 속성 확인

print(df.dtypes)
```

출력 결과

```
id          int64
nclass      int64
name        object
math        float64
english     float64
science     int64
dtype: object
```

2.6 열 이름을 보여주는 columns

데이터프레임의 모든 열 이름을 보고 싶을 때는 다음과 같이 간단한 코드를 작성한다. columns도 데이터프레임의 속성이므로 괄호( )를 붙이지 않는다.

입력 코드

```
# 열 이름 확인

print(df.columns)
```

출력 결과

```
Index(['id', 'nclass', 'name', 'math', 'english', 'science'], dtype='object')
```

2.7 결측치 개수를 알 수 있는 isnull() + sum()

isnull() + sum()은 결측값(missing values)을 찾는 데 사용된다.

입력 코드

```
# 결측치 개수 확인

df.isnull().sum()
```

출력 결과

```
id         0
nclass     0
name       0
math       2
english    1
science    0
dtype: int64
```

3 데이터 구조 변경 및 병합

데이터를 분석하다 보면 처음에는 괜찮아 보이던 표도 점점 복잡해지고, "이 행이 더 위에 있어야 할 것 같은데?", "필요한 열끼리 합치고 싶은데 어떻게 하지?", "파일 두 개를 하나로 붙이고 싶다!" 같은 생각이 들기 시작한다.

이럴 때 필요한 것이 바로 데이터 구조 변경과 병합이다. 판다스에서는 이러한 작업을 아주 간단하게 할 수 있도록 다양한 기능을 제공하고 있다.

3.1 열 이름(Column Names) 바꾸기

열 이름을 새롭게 바꾸고 싶을 때는 두 가지 방법이 있다.

전체 열 이름을 한번에 바꾸는 코드는 아래와 같다.

입력 코드

```
# 열 이름 전체 변경
df.columns = ['번호', '반', '이름', '수학', '영어', '과학']
print(df.columns)
```

열의 이름이 'id' → '번호', 'nclass' → '반', 'math' → '수학', 'english' → '영어', 'science' → '과학'으로 변경된다. 이때 주의할 점은 순서대로 새로운 열의 이름을 모두 써야 한다.

출력 결과

```
Index(['번호', '반', '이름', '수학', '영어', '과학'], dtype='object')
```

특정 열 이름만 선택해서 바꾸는 것도 가능하다.

입력 코드

```
# 특정 열 이름만 변경
df.rename(columns={'id': '번호', 'nclass': '반'}, inplace=True)

print(df.columns)
```

df.rename(columns)에 딕셔너리 형태('원래 이름' : '새 이름')로 써 준다. 이때 옵션 inplace=True를 쓰면, 원래 데이터프레임 df의 내용이 새로운 열 이름으로 바로 바뀌게 된다. (inplace=True를 안 쓰면 바뀐 내용을 따로 저장해야 한다.)

3.2 열(Column) 순서 바꾸기

표의 열 순서를 바꾸고 싶은 경우, 원하는 순서대로 열 이름을 다시 지정해주면 된다. 예를 들어, "수학"과 "영어" 열의 순서를 바꾸고 싶다면 다음과 같이 작성한다.

입력 코드

```
# 열 순서 바꾸기

df = df[['번호','이름', '반', '영어', '수학', '과학']]
print(df.head())
```

열의 순서가 바뀐 데이터프레임이 만들어진다.

출력 결과

```
   번호  이름   반   영어    수학   과학
0  1    박우빈  1   98.0   50.0   50
1  2    김영우  1   97.0   60.0   60
2  3    고민영  1   86.0   45.0   78
3  4    한정민  1   98.0   30.0   58
4  5    정우정  2   80.0   25.0   65
```

3.3 열(Column) 추가하기

새로운 계산 결과나 정보를 표에 추가하고 싶을 때는 열을 새로 만들어주면 된다. 예를 들어 영어, 수학, 과학 세 과목의 총점과 평균이라는 새로운 열을 추가하고 싶다면 다음과 같이 작성한다.

입력 코드

```
# 열 추가하기

# 총점, 평균 열 만들기
df['총점'] = df['영어'] + df['수학'] + df['과학']
df['평균'] = (df['영어'] + df['수학'] + df['과학']) / 3
print(df.head())
```

출력 결과

```
   번호  반  이름     수학    영어   과학   총점         평균
0  1    1   박우빈   50.0   98.0   50   198.0   66.000000
1  2    1   김영우   60.0   97.0   60   217.0   72.333333
2  3    1   고민영   45.0   86.0   78   209.0   69.666667
3  4    1   한정민   30.0   98.0   58   186.0   62.000000
4  5    2   정우정   25.0   80.0   65   170.0   56.666667
```

이렇게 하면 기존 열의 값들을 바탕으로 새롭게 계산된 "총점"과 "평균" 열이 추가된다. 새로운 열은 계산 결과뿐 아니라, 데이터프레임에 시리즈로 직접 추가된다.

3.4 열(Column) 삭제하기

특정 열을 다시 계산해서 덮어쓰거나, 필요 없는 열을 삭제할 수도 있다.

입력 코드

```
# 열 삭제하기

df1 = df.drop('평균', axis=1)
df2 = df.drop(['총점', '평균'], axis=1)
print(df1.head())
print(df2.head())
```

옵션 axis=1은 '열을 기준으로 삭제한다'는 뜻이다. 여러 열을 한꺼번에 삭제하고 싶다면 리스트로 묶어주면 된다.

3.5 행(row) 삭제하기

행도 열과 마찬가지로 삭제할 수 있다. 예를 들어 0번 행(첫 번째 줄)을 삭제하려면 다음과 같이 쓴다.

입력 코드

```
# 행 삭제하기

df1 = df.drop(0, axis=0)
df2 = df.drop([0,1,3], axis=0)
```

옵션 axis=0은 '행을 기준으로 삭제한다'는 뜻이다. 여러 행을 지우고 싶다면 [0, 1, 3]처럼 리스트로 묶을 수 있다.

3.6 데이터프레임끼리 병합하기 (merge)

때로는 두 개의 표(데이터프레임)를 하나로 붙이고 싶을 때가 있다. 예를 들어 학생 정보는 하나의 표에 있고, 그 학생들의 시험 점수는 또 다른 표에 있다면, 이 두 표를 하나로 합쳐서 분석해야 할 것이다.

입력 코드

```
# 데이터프레임끼리 병합하기

df1 = pd.DataFrame({
    "이름": ["철수", "영희", "민수", "지수"],
    "학번": [101, 102, 103, 104]
```

```
})

df2 = pd.DataFrame({
    "학번": [101, 102, 104],
    "점수": [90, 85, 92]
})

merged_df = pd.merge(df1, df2, on="학번", how="inner")
print(merged_df)
```

옵션 on="학번"은 양쪽 데이터프레임에 공통된 열(Key)을 기준으로 두 데이터프레임을 병합한다.

출력 결과

```
   이름  학번  점수
0  철수  101  90
1  영희  102  85
2  지수  104  92
```

merge() 함수의 종류(how)는 다음과 같다.

방법	설명	코드
inner(default)	두 표에 모두 있는 데이터만 합치기	how="inner"
left	왼쪽(df1) 데이터 모두 살리고 합치기	how="left"
right	오른쪽(df2) 데이터 모두 살리고 합치기	how="right"
outer	두 표의 전체 데이터 합치기 (비어있으면 NaN)	how="outer"

merge()함수를 사용할 때 주의할 점은 다음과 같다.

- 기준 열 이름이 같아야 한다. (두 데이터프레임에 모두 '학번'이 있어야함)
- 다르면 left_on, right_on 옵션을 써서 공통된 데이터를 지정해야 한다.
  (예시 : pd.merge(df1, df2, left_on="학생ID", right_on="아이디")
- 병합할 때 양쪽에 겹치는 열 이름이 있으면, 자동으로 _x, _y를 붙여서 구분한다.

3.7 데이터프레임 추가하기(concat)

두 개의 표를 위아래로 이어붙이는 방식도 있다. 이때는 concat() 함수를 사용한다.

입력 코드

```
# 데이터프레임끼리 이어 붙이기

df1 = pd.DataFrame({
    "이름": ["철수", "영희"],
    "나이": [24, 22]
})

df2 = pd.DataFrame({
    "이름": ["민수", "지수"],
    "나이": [25, 21]
})

combined_df = pd.concat([df1, df2], ignore_index=True)
print(combined_df)
```

concat()은 열 구조가 같은 두 데이터프레임을 아래로 쌓는 느낌으로 합칠 수 있다. ignore_index=True를 써주면 행 번호(index)도 자동으로 다시 매겨진다. 만약 axis=1 옵션을 붙이면 열(column)을 기준으로 가로 결합도 가능하다.

출력 결과

```
   이름  나이
0  철수  24
1  영희  22
2  민수  25
3  지수  21
```

데이터 구조를 바꾸고, 필요한 데이터를 합치거나 나누는 작업은 데이터 분석의 기초이자 가장 자주 사용되는 기술이다. 처음에는 어려워 보여도, 몇 번만 따라 해보면 금방 익숙해진다.

다음 절에서는, 이렇게 정리된 데이터를 가지고 집계와 요약 분석을 하는 방법을 배워보자.

4 데이터 집계 및 요약 분석

데이터를 다루다 보면, 단순히 "데이터를 보는 것"에서 그치지 않고 그 안에 담긴 의미를 요약해서 파악하고 싶어지는 순간이 온다.

예를 들어 이런 질문을 해보자.

"반 평균 점수는 몇 점일까?", "지역별로 남녀는 각각 몇 명이 있을까?", "가장 많은 사람이 사는 도시는 어디일까?", "연령대별로 인구는 몇 명씩 있을까?"

이처럼, 데이터를 요약해서 핵심적인 정보를 뽑아내는 작업을 집계(aggregation) 또는 요약 분석(summary)이라고 한다. 판다스에서는 이런 작업을 한 줄의 코드로 간단하게 수행할 수 있다.

먼저 데이터프레임에서 원하는 데이터들을 추출하는 방법부터 익혀보자.

4.1 열(Column) 추출하기

데이터프레임에서 열(column)은 매우 중요한 분석 기준으로 사용되므로, 필요한 열을 추출할 수 있어야 한다. 데이터프레임에서는 열 하나만, 또는 여러 개를 따로 꺼내서 사용할 수 있다.

입력 코드

```
import pandas as pd

# CSV 파일 읽기
df = pd.read_csv("students.csv", encoding='cp949')

# 열 이름 전체 변경
df.columns = ['번호', '반', '이름', '수학', '영어', '과학']
print(df.columns)

# 열 추출
print(df['영어'])
print(df[['영어', '수학']])
```

여러 개의 열을 추출할 때는 대괄호 []를 한 번 더 사용해야 하는 것에 주의해야 한다.

4.2 조건으로 행(row) 추출하기

행은 주로 조건을 이용해서 추출한다. 사실 정확하게 말하면, 조건을 써서 "행(row)"을 추출하고, 그 결과에서 원하는 열(column)을 선택하는 방식으로 주로 사용한다. 예시를 보면 훨씬 이해가 쉽다.

입력 코드

```
# 조건으로 행 추출하기

result1 = df[df['영어'] >= 60]
print(result1)
```

위 코드에서 df["평균"] >= 60이 조건이 되며, 이 조건을 만족하는 행들만 골라서 result1에 새로운 데이터프레임이 만들어진다.

출력 결과

```
    번호  반  이름   수학   영어  과학
0   1   1  박우빈  50.0  98.0  50
1   2   1  김영우  60.0  97.0  60
2   3   1  고민영  45.0  86.0  78
3   4   1  한정민  30.0  98.0  58
4   5   2  정우정  25.0  80.0  65
5   6   2  이희우  50.0  89.0  98
6   7   2  이봄희  80.0  90.0  45
7   8   2  손희봄  90.0  78.0  25
8   9   3  김미희  20.0  98.0  15
10  11  3  김엽언  65.0  65.0  65
11  12  3  김지엽  NaN   85.0  32
12  13  4  권영지  46.0  98.0  65
13  14  4  구경영  48.0  87.0  12
15  16  4  이현민  58.0  98.0  65
16  17  5  금원현  NaN   68.0  98
17  18  5  국선원  80.0  78.0  90
18  19  5  장나나  89.0  68.0  87
19  20  5  조현산  78.0  83.0  58
```

만약 영어와 수학 과목의 성적이 60점 이상인 조건을 만족하는 학생들의 '이름'만 추출하는 코드는 아래와 같다.

입력 코드

```
# 조건으로 행 추출 후 열 추출하기
result2 = df[(df['영어'] >= 60) & (df['수학'] >= 60)]['이름']
print(result2)
```

4.3 열과 행 부분 추출하기 (loc, iloc)

판다스(Pandas)에서는 데이터프레임(DataFrame)에서 특정 행(row)이나 열(column)을 선택하거나 추출할 때 loc와 iloc이라는 두 가지 방법을 자주 사용한다. 이 두 방법은 겉보기에는 비슷하지만, 기준이 다르므로 사용법을 정확하게 이해하는 것이 매우 중요하다.

① loc - 레이블(label, 이름) 기반 선택

loc는 행이나 열의 이름(label)을 기준으로 데이터를 선택하는 기능이다. 즉, 숫자가 아니라 실제로 붙어 있는 이름(예: 'name', 'age', 'a', 'b' 등)을 이용해서 값을 가져온다.

입력 코드

```
# 레이블 기반 선택(loc)

#번호를 인덱스로 지정
df = df.set_index('번호')

df.loc[5]  #5번 학생의 데이터 가져오기
df.loc[5:7]  #5번부터 7번 학생 데이터 가져오기
df.loc[[5, 10, 18]] #5, 10, 18번만 골라서 보기
df.loc[5, '수학'] #번호 5번 학생의 수학 점수만 보기
df.loc[5:7, ['이름', '과학']]  #번호 5번~7번 학생의 이름과 과학 점수만 보기
```

② iloc - 정수형 위치(index 번호) 기반 선택

iloc는 데이터의 순서를 기준으로 행이나 열을 선택하는 기능이다. 이때 사용하는 숫자는 0부터 시작하는 정수형 위치 번호이다.

입력 코드

```
# 정수형 위치(index) 기반 선택(iloc)

#번호를 인덱스로 지정
df = df.set_index('번호')

df.iloc[0]  #첫 번째 행 선택하기
df.iloc[0:3]  #0번째부터 2번째 행까지 가져오기
df.iloc[:, 1]  #특정 위치 열만 선택 (모든 행에서 2번째 열: '이름')
df.iloc[1:4, 1:3] #1~3번 행의 1, 2열 선택 (즉 '이름', '수학')
df.iloc[-1]  #마지막 행 가져오기
```

3.11 기본 통계 함수들

describe()로 전체 요약을 볼 수도 있지만, 특정 통계만 뽑고 싶을 때는 다음과 같은 함수를 사용할 수 있다.

함수	설명
mean()	평균
sum()	합계
max()	최댓값
min()	최솟값
count()	데이터 개수
median()	중앙값
std()	표준편차

입력 코드

```
# 데이터프레임 기본 통계 함수 사용하기

df["영어"].mean()     # 점수 평균
df["영어"].sum()      # 점수 총합
df["수학"].max()      # 가장 많은 나이
df["수학"].min()      # 가장 적은 나이
df["이름"].count()    # 총 인원 수
df["과학"].median()   # 점수의 중앙값
df["과학"].std()      # 점수의 표준편차
```

4.4 범주형 데이터 집계: value_counts()

숫자뿐 아니라, 문자 데이터(예: 지역, 성별, 전공 등)도 분석할 수 있다. 가장 유용한 함수 중 하나는 value_counts()이다.

입력 코드

```
# value_count() 함수

df = pd.DataFrame({
    "이름": ["철수", "영희", "민수", "지수", "태훈"],
    "지역": ["서울", "부산", "서울", "대전", "서울"]
})

print(df["지역"].value_counts())
```

출력 결과

```
서울    3
부산    1
대전    1
```

value_counts() 함수는 각 항목이 몇 번 등장했는지 세어주는 함수다. 즉, 데이터 안에 있는 지역 분포를 빠르게 확인할 수 있다.

4.5 정렬하기 : sort_values()

sort_values()는 데이터프레임의 값을 기준으로 정렬할 때 쓰는 함수이다.

입력 코드

```
# sort_values() 함수

df = pd.DataFrame({
    "이름": ["철수", "영희", "민수", "지수", "태훈"],
    "지역": ["서울", "부산", "서울", "대전", "서울"]
})

print(df.sort_values('이름'))
```

출력 결과

```
   이름  지역
2  민수  서울
1  영희  부산
3  지수  대전
0  철수  서울
4  태훈  서울
```

sort_values()는 기본적으로 오름차순(작은 값부터) 정렬을 하지만, ascending=False 옵션을 이용하면 내림차순(큰 값부터) 정렬도 가능하다. 물론 여러 열을 기준으로 정렬하는 것도 가능하다. 예를 들어 지역명을 기준으로 먼저 오름차순 정렬을 하되, 같은 지역명일 경우 이름을 기준으로 내림차순 정렬하는 코드는 아래와 같다.

입력 코드

```
# 지역은 오름차순, 이름은 내림차순으로 정렬
sorted_df = df.sort_values(by=["지역", "이름"], ascending=[True, False])

print(sorted_df)
```

4.6 그룹별로 집계하기: groupby()

이제 조금 더 실전다운 분석을 해보자. 예를 들어 학생들의 점수를 지역별로 평균 내고 싶다고 하자. 이럴 때 사용하는 것이 바로 groupby() 함수이다.

입력 코드

```
# groupby() 함수

df = pd.DataFrame({
    "이름": ["철수", "영희", "민수", "지수"],
    "지역": ["서울", "부산", "서울", "부산"],
    "점수": [88, 92, 85, 90]
})

grouped = df.groupby("지역")["점수"].mean()
print(grouped)
```

출력 결과

```
지역
부산    91.0
서울    86.5
Name: 점수, dtype: float64
```

이처럼 groupby()를 사용하면 공통된 항목을 기준으로 묶은 다음, 그 안에서 합계, 평균, 개수 등을 계산할 수 있다.

4.7 여러 통계 값을 한번에 집계하기 : agg()

한 번에 여러 통계를 보고 싶다면 agg() 함수를 사용하면 된다.

입력 코드

```
# agg() 함수

result = df.groupby("지역")["점수"].agg(["mean", "max", "min", "count"])
print(result)
```

출력 결과

```
      mean   max   min   count
지역
부산   91.0   92    90    2
서울   86.5   88    85    2
```

agg() 함수를 사용하면 하나의 요약된 통계표를 만들 수 있다.

4.8 조건을 활용한 집계

필요한 조건을 걸고 나서 집계하면 더욱 원하는 정보를 얻을 수 있다.

입력 코드

```
# 조건을 활용한 집계

df[df["지역"] == "서울"]["점수"].mean()
```

출력 결과

```
86.5
```

이 코드는 서울 지역 학생들의 평균 점수만 계산하는 예시이다. 이처럼 조건문과 집계 함수를 조합하면 원하는 분석을 정확하게 수행할 수 있다.

데이터를 요약하고 분석하는 기능은 단순히 "보는 것"을 넘어서, 의미를 발견하는 단계로 넘어가는 첫걸음이다. 데이터를 잘 요약할 수 있게 되면, 그 안에 숨겨진 인사이트를 읽어낼 수 있게 된다.

다음 장에서는 여러 개의 데이터를 모아 하나의 큰 분석을 수행하는 방법을 배워보자.

5 CSV 데이터를 병합하여 그룹별 집계 분석 수행

실제 데이터 분석에서는 하나의 파일만 분석하는 경우는 드물다. 현실에서는 다양한 데이터가 여러 파일로 나뉘어 저장되어 있는 경우가 많다.

예를 들어, 학생정보.csv에는 학생 이름, 나이, 지역이 들어 있고 성적정보.csv에는 학생 이름과 과목별 점수가 들어 있다면, 이 두 파일을 합쳐서 학생별 평균 점수를 구하거나, 지역별로 점수 평균을 비교하는 등의 분석을 하고 싶을 수 있다.

이렇게 두 개 이상의 CSV 파일을 불러와서 병합하고, 기준을 정해 그룹별로 집계 분석을 수행하는 것이 이 절의 핵심이다.

5.1 두 개의 CSV 파일 불러오기

먼저, 판다스를 사용해 각 CSV 파일을 읽어 데이터프레임으로 만든다.

입력 코드

```
# 두 개의 csv 파일 불러오기
import pandas as pd

std = pd.read_csv("학생정보.csv")
score = pd.read_csv("성적정보.csv")
```

파일 이름은 실제 저장된 파일 이름과 정확히 일치해야 한다. 두 파일에는 공통된 열, 예를 들어 "이름" 같은 열이 있어야 병합이 가능하다.

5.2 두 데이터프레임 병합하기 (merge)

두 파일을 공통된 열을 기준으로 옆으로 합치는 것을 병합이라고 한다. 판다스에서는 pd.merge() 함수를 사용한다.

입력 코드

```
# 두 데이터프레임 병합하기

merge_dt = pd.merge(std, score, on="이름")
```

출력 결과

Index	이름	나이	지역	수학	영어
0	철수	18	서울	90	85
1	영희	19	부산	88	92
2	민수	18	서울	95	89
3	지수	20	대구	85	87

"이름"이라는 열을 기준으로 같은 이름을 가진 행끼리 정보를 연결한다. 두 파일에 같은 사람이 있다면, 한 줄로 합쳐진다. 이렇게 이름을 기준으로 두 파일의 정보가 한 표로 합쳐졌다면, 이제 이 데이터를 바탕으로 그룹별 분석을 수행할 수 있다.

5.3 지역별 평균 점수 구하기 (groupby)

지역별로 평균 점수를 보고 싶다면 groupby() 함수를 사용하면 된다.

입력 코드

```
# 두 데이터프레임 병합하기

region_mean = merge_dt.groupby("지역")[["수학", "영어"]].mean()
print(region_mean)
```

출력 결과

```
      수학    영어
지역
대구  85.0  87.0
부산  88.0  92.0
서울  92.5  87.0
```

이 결과는 대구, 부산, 서울이라는 지역별로 수학과 영어 점수의 평균을 구한 것이다. groupby()는 기준을 하나 정하고, 그 기준 안에서 여러 값을 자동으로 묶어 통계 분석을 해준다.

5.4 여러 통계 함께 보기 (agg)

mean(), max(), min() 같은 집계 함수를 한꺼번에 적용하고 싶을 때는 agg()를 사용한다.

입력 코드

```
# 여러 통계 함께 보기

total_summary = merge_dt.groupby("지역")[["수학", "영어"]].agg(["mean", "max", "min"])
print(total_summary)
```

출력 결과

```
          수학              영어
    mean  max  min  mean  max  min
지역
대구  85.0  85   85  87.0   87   87
부산  88.0  88   88  92.0   92   92
서울  92.5  95   90  87.0   89   85
```

이렇게 하면 지역별로 평균, 최댓값, 최솟값이 한꺼번에 정리된 통계표가 나온다.

5.5 결과를 엑셀 파일로 저장하기

분석 결과를 파일로 저장하고 싶다면 .to_excel() 함수를 사용할 수 있다.

입력 코드

```
# 결과를 엑셀 파일로 저장

region_mean.to_excel("지역별_평균점수.xlsx")
```

위의 분석 과정을 다시 정리하자면 다음과 같다.

단계	설명
1단계	여러 개의 CSV 파일을 read_csv()로 불러온다.
2단계	merge()로 공통된 열을 기준으로 병합한다.
3단계	groupby()로 원하는 기준(예: 지역, 성별 등)에 따라 묶는다.
4단계	mean(), agg() 등으로 집계 분석을 수행한다.
5단계	결과를 엑셀이나 CSV 파일로 저장할 수 있다.

여러 파일을 합치고, 기준에 따라 나누고, 원하는 통계를 계산하는 작업은 실전 데이터 분석에서 빈번히 사용되는 과정 중 하나이다. 처음에는 함수가 많아 보이지만, 하나씩 따라 하다 보면 마치 퍼즐 조각을 맞추는 것처럼 재미있고 유용하다는 것을 느끼게 될 것이다.

❐ 주요 개념 요약

1. Pandas와 데이터프레임 소개

- Pandas는 파이썬에서 표 형태의 데이터를 다룰 수 있게 해주는 라이브러리이다.
- 엑셀과 비슷한 구조의 데이터프레임(DataFrame)을 만들고, 불러오고, 분석할 수 있다.
- 데이터프레임은 행과 열로 구성된 2차원 표 구조이며, 데이터 분석의 기본 단위이다.

2. 데이터프레임 만들기 방법

- 데이터프레임은 딕셔너리, 리스트, 시리즈 등을 이용해 만들 수 있다.
- 또한 CSV 파일이나 엑셀 파일을 불러와서 생성할 수도 있다.
- 가장 직관적인 방법은 딕셔너리를 사용하여 열 중심으로 데이터를 입력하는 것이다.
- 상황에 따라 다양한 방식으로 데이터를 구성할 수 있다.

3. 데이터 탐색하기

- 데이터를 분석하기 전에는 그 구조와 특징을 먼저 파악해야 한다.
- head(), info(), describe() 같은 함수를 통해 데이터의 일부, 구조, 통계 정보를 확인할 수 있다.
- 결측값 여부는 isnull().sum()으로 쉽게 파악할 수 있다.
- 이러한 탐색 과정은 데이터 분석의 첫걸음이다.

4. 데이터 수정과 구조 변경

- Pandas는 열 이름 변경, 열 추가/삭제, 행 삭제, 열 순서 변경 등의 기능을 지원한다.
- merge()를 이용해 공통 열 기준으로 데이터를 옆으로 병합할 수 있다.
- concat()을 사용하면 데이터프레임을 위아래로 연결할 수 있다.
- 이러한 정리는 분석 전 데이터를 깔끔하게 준비하는 데 필수적이다.

5. 집계 및 그룹 분석

- 데이터를 요약하여 의미를 파악하기 위해 통계 함수들을 사용한다.
- describe(), mean(), sum(), count(), median() 등으로 다양한 통계를 확인할 수 있다.
- groupby()를 이용하면 그룹별 평균이나 합계를 쉽게 계산할 수 있다.
- agg()를 사용하면 평균, 최대, 최소 등 여러 통계를 동시에 출력할 수 있다.

6. 여러 파일 병합과 분석

- 현실의 데이터는 여러 파일로 나뉘어 있는 경우가 많다.
- read_csv()로 각각의 파일을 불러온 후, merge()로 공통된 열을 기준으로 병합할 수 있다.
- 병합된 데이터는 groupby()로 그룹별 분석을 수행할 수 있으며, 결과는 .to_excel()로 저장할 수 있다.
- 이 과정은 실제 데이터 분석 프로젝트에서 매우 자주 사용되는 핵심 절차이다.

실습과제

01 나만의 데이터프레임 만들어보기

이름, 나이, 전공, 지역 정보를 담은 데이터프레임을 직접 만들어보자. 학생 5명 이상으로 구성하고, 열 이름은 각각 "name", "age", "major", "city"로 지정한다. 힌트: pd.DataFrame() + 딕셔너리 사용

```
pd.DataFrame({
    "name": [...],
    "age": [...],
    ...
})
```

출력 결과

```
   name  age  major  city
0  철수   22   경영    서울
1  영희   21  컴퓨터   부산
2  민수   23   심리    대전
3  지영   24 영어영문  대구
4  태호   22   수학    광주
```

02 CSV 파일 불러오고 구조 살펴보기

제공된 "students.csv" 파일을 불러오고, 전체 데이터의 구조와 앞부분 5행을 출력해보자. 데이터가 몇 개의 행과 열로 되어 있는지도 함께 확인해 본다.

힌트: pd.read_csv(), .head(), .shape 사용

03 전공별 평균 점수 구하기

제공된 students.csv 파일에는 "major"(전공)과 "score"(점수)라는 열이 있다. 각 전공별로 평균 점수를 계산하여 출력해 보자.

힌트: .groupby(), .mean() 사용

04 두 개의 파일을 병합하기

제공된 students_info.csv에는 "id"와 "name", "major"가, scores.csv에는 "id"와 "score", "grade"가 들어 있다. 두 파일을 "id"를 기준으로 합쳐서 하나의 데이터프레임으로 만들어 출력해 보자.

힌트: pd.read_csv(), pd.merge()

05 데이터 정리 후 엑셀로 저장하기

병합한 데이터에서 "score" 기준으로 내림차순 정렬한 뒤, 상위 10명의 학생 정보를 "top_students.xlsx" 파일로 저장해 보자.

힌트: .sort_values(), .head(), .to_excel()

정답코드

01 나만의 데이터프레임 만들어보기

```
import pandas as pd

# 딕셔너리를 활용해 데이터프레임 만들기
data = {
    "name": ["철수", "영희", "민수", "지영", "태호"],
    "age": [22, 21, 23, 24, 22],
    "major": ["경영", "컴퓨터", "심리", "영어영문", "수학"],
    "city": ["서울", "부산", "대전", "대구", "광주"]
}

df = pd.DataFrame(data)
print(df)
```

02 CSV 파일 불러오고 구조 살펴보기

```
df = pd.read_csv("students.csv", encoding="utf-8")

print("데이터 앞부분:")
print(df.head())

print("\n데이터 구조 정보:")
print(df.shape)
```

03 전공별 평균 점수 구하기

```
# 전공별로 묶고, score의 평균 계산
avg_score_by_major = df.groupby("major")["score"].mean()
print("전공별 평균 점수:")
print(avg_score_by_major)
```

04 두 개의 파일을 병합하기

```
# 두 파일 불러오기
info = pd.read_csv("students_info.csv", encoding="utf-8")
scores = pd.read_csv("scores.csv", encoding="utf-8")

# 'id'를 기준으로 병합
merged_df = pd.merge(info, scores, on="id")

print("병합된 데이터:")
print(merged_df.head())
```

05 데이터 정리 후 엑셀로 저장하기

```
# 점수 내림차순 정렬
sorted_df = merged_df.sort_values(by="score", ascending=False)

# 상위 10명 추출
top10 = sorted_df.head(10)

# 엑셀 파일로 저장
top10.to_excel("top_students.xlsx", index=False)

print("top_students.xlsx 파일로 저장 완료!")
```

CHAPTER 10

데이터로 그림을 그리다: 시각화의 예술

데이터 분석은 단순한 숫자의 나열이 아니다. 그것은 숨겨진 패턴을 발견하고 의미를 전달하는 데 목적이 있다. 따라서 숫자만으로는 그 의미를 직관적으로 파악하기 어려운 경우가 많다. 이때 필요한 것이 바로 데이터 시각화이다. 그래프와 차트를 통해 데이터를 시각적으로 표현하면, 복잡한 정보도 한눈에 이해할 수 있다.

좋은 시각화는 단순히 데이터를 보기 좋게 정리하는 것을 넘어, 숨겨진 흐름과 관계를 명확하게 드러낼 수 있다. 때로는 숫자만으로는 감지하기 어려운 경향성과 패턴을 그래프 한 장으로 쉽게 파악할 수도 있다. 예를 들어, 시장의 트렌드 변화나 특정 변수 간의 관계를 직관적으로 보여주는 시각화는 분석의 출발점이 되기도 한다.

이 장에서는 데이터를 생생하게 표현하는 다양한 그래프를 직접 그려보면서, 시각화의 기본 개념을 익혀보고자 한다. 파이썬에서는 여러 강력한 라이브러리를 통해 손쉽게 차트를 만들 수 있으며, 이러한 도구들을 활용하면 데이터의 가치를 극대화할 수 있다. 단순한 막대그래프부터 보다 고급스러운 시각적 표현까지, 효과적인 시각화 기법을 함께 탐구해 본다.

1 다양한 그래프 그리기

숫자와 표만으로는 한눈에 이해하기 어려운 데이터도, 그래프로 바꿔서 보면 금방 이해가 되는 순간이 있다. 이처럼 데이터를 시각적인 형태로 표현하는 작업을 데이터 시각화(Data Visualization)라고 한다.

파이썬에서는 matplotlib, seaborn 같은 라이브러리를 활용하면 다양한 종류의 그래프를 손쉽게 그릴 수 있다.

가장 기본이 되는 것은 matplotlib.pyplot 모듈이며, 이 장에서는 다양한 그래프를 순서대로 직접 그려보며 그 쓰임을 익혀본다.

1.1 준비: 시각화를 위한 라이브러리 불러오기

파이썬에서 그래프를 그리기 위해서는 먼저 시각화 도구를 불러와야 한다. 대표적으로 가장 많이 사용되는 도구가 바로 matplotlib.pyplot이다.

```
# 시각화를 위한 라이브러리 불러오기

import matplotlib.pyplot as plt
```

이 코드 한 줄이 바로 시각화를 위한 시작이다. matplotlib.pyplot은 파이썬에서 그래프나 차트를 그릴 수 있도록 도와주는 모듈이다. 엑셀에서 그래프를 만들 때는 메뉴를 클릭하지만, 파이썬에서는 이 pyplot을 이용해 코드로 그래프를 만들 수 있다. 이 모듈은 선 그래프, 막대 그래프, 산포도, 히스토그램, 파이 차트, 상자 그림 등 우리가 흔히 보는 거의 모든 기본적인 그래프를 만들 수 있게 해준다.

pyplot은 마치 "그래프를 그리는 도구 상자"라고 생각하면 된다. 도화지를 꺼내고, 선을 그리고, 제목을 붙이고, 축을 정리하는 모든 작업을 이 도구 상자 안에서 수행할 수 있다.

여기서 plt는 우리가 앞으로 그래프를 그릴 때 계속 사용할 이름(별칭)이다. matplotlib.pyplot은 이름이 너무 길기 때문에, 보통 줄여서 plt라는 별명을 붙여 사용한다. 이건 약속처럼 굳어져 있어서, 모든 파이썬 예제에서 거의 예외 없이 이렇게 쓴다. 예를 들어 plt.plot(), plt.bar(), plt.title() 등 다양한 함수들이 모두 이 plt 아래에서 사용된다.

1.2 선 그래프 (Line Plot)

선 그래프는 시간이 흐르면서 데이터가 어떻게 변하는지 보여줄 때 유용하다.

예를 들어, 한 주 동안 하루 평균 기온이 어떻게 바뀌었는지를 선으로 이어서 보여줄 수 있다.

입력 코드

```
# 선 그래프 그리기

days = ["월", "화", "수", "목", "금"]
temperatures = [17, 19, 21, 20, 18]

plt.plot(days, temperatures)
plt.title("주간 평균 기온")
plt.xlabel("요일")
plt.ylabel("기온 (℃)")
plt.grid(True)
plt.show()
```

결과 그래프

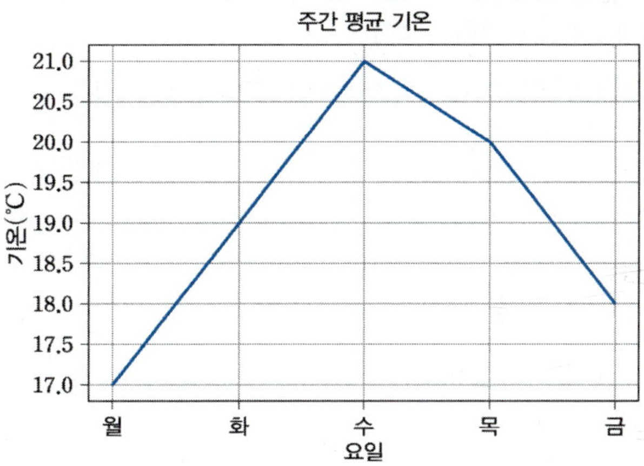

그래프를 단순히 그리는 것에서 끝나지 않고, 제목을 붙이거나, 축 이름을 표시하거나, 격자선을 추가하거나, 그래프를 화면에 띄우는 꾸밈 작업이 필요하다. 아래는 그래프를 꾸며주는 기본 명령어들이다.

명령어	기능
plt.title()	제목 붙이기
plt.xlabel() / plt.ylabel()	축 이름 붙이기
plt.grid()	격자선 표시
plt.show()	화면에 그래프 출력

그래프에서 한글이 깨지는 이유와 해결 방법

그래프에 제목이나 축 이름을 한글로 입력했을 때 한글이 깨져 보이거나 네모(ㅁ)로 보이는 경우가 종종 발생한다.

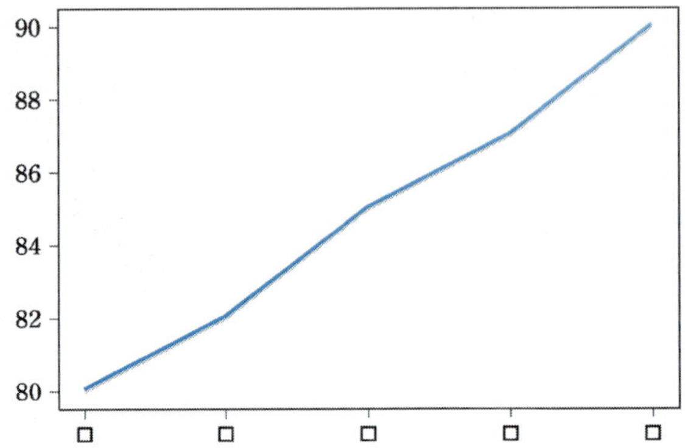

이 문제는 파이썬의 기본 설정에서 한글 폰트를 지원하지 않기 때문이다. 이럴 때는 matplotlib의 폰트 설정 옵션을 직접 변경해주면 된다. 가장 직관적이고 간단한 방법은 아래와 같이 plt.rcParams 사전(dictionary) 형태의 설정을 이용하는 것이다.

▸ **해결방법 1: Windows에서 맑은고딕(Malgum Gothic) 사용하기 :**

```
plt.rcParams['font.family'] = 'Malgun Gothic'  # 한글 폰트 설정
plt.rcParams['axes.unicode_minus'] = False  # 마이너스 기호 깨짐 방지
```

plt.rcParams['font.family'] = 'Malgun Gothic'은 그래프에서 사용할 기본 글꼴을 'Malgun Gothic'으로 설정한다. 맑은고딕 글꼴은 Windows에 기본 설치된 한글 폰트이다.

plt.rcParams['axes.unicode_minus'] = False은 그래프의 축 등에 나타나는 마이너스(−) 기호가 깨지는 현상을 막아준다. 이 설정이 없으면 마이너스가 물음표(?)로 보일 수 있다.

위 두 줄의 코드를 import matplotlib.pyplot as plt 이후에 삽입한다. 한 번 설정해두면, 그 이후 모든 시각화 코드에서 한글이 자연스럽게 출력된다.

▸ **해결방법 2: 기타 환경에서는 :**

macOS에서는 보통 "AppleGothic" 글꼴을 사용하며, Linux에서는 'NanumGothic', 'DejaVu Sans' 등의 폰트를 사용하면 된다.

운영체제에 따라 설치된 한글 글꼴이 다를 수 있으므로, 환경에 맞게 적절한 폰트를 선택하면 된다.

선 그래프는 단순히 선을 그리는 것에 그치지 않고, 선의 색상, 선의 모양, 마커의 모양이나 크기 등을 조절해 시각적으로 더 효과적인 그래프를 만들 수 있다. plt.plot() 함수에서는 이런 꾸미기 요소들을 옵션 인자로 다양하게 설정할 수 있다.

입력 코드

```
# 선 그래프 옵션을 이용해서 예쁘게 꾸미기
# 데이터
days = ["월", "화", "수", "목", "금"]
temperatures = [17, 19, 21, 20, 18]

# 선 그래프 그리기 (옵션 추가)
plt.plot(days, temperatures,
    linestyle="--",       # 점선
    linewidth=2.5,        # 선 굵기
    marker="o",           # 마커 모양: 동그라미
    markersize=8,         # 마커 크기
    color="mediumseagreen"  # 선 색상
)

# 제목 및 축 레이블
plt.title("주간 평균 기온", fontsize=14)
plt.xlabel("요일", fontsize=12)
plt.ylabel("기온 (℃)", fontsize=12)

# 격자선 및 y축 범위 조정
plt.grid(True)
plt.ylim(15, 23)

# 그래프 출력
plt.show()
```

옵션	설명	예시
linestyle	선 스타일	"–", "––", "–.", ":"
linewidth	선 두께	1, 2.5, 4 ..
marker	마커(점) 모양	"o", "s", "^", "v", "〉", "〈", "D",...
markersize	마커(점) 크기	5, 8, 10 ..
color	선 색상	"b", "g", "r", "c", "m", "y",

※ matplotlib.pyplot.plot의 사용 방법 및 색상, 마커, 선 스타일에 대한 자세한 안내는 (https://bit.ly/3YbtO0o)를 참조한다.

결과 그래프

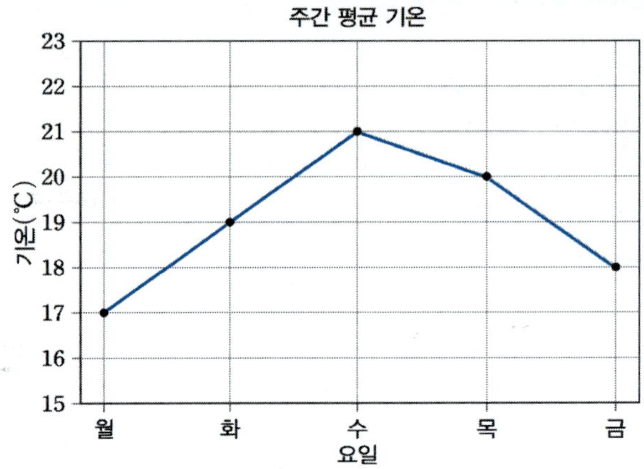

아래와 같이 색상, 마커, 선 스타일을 동시에 표현하는 것도 가능하다.

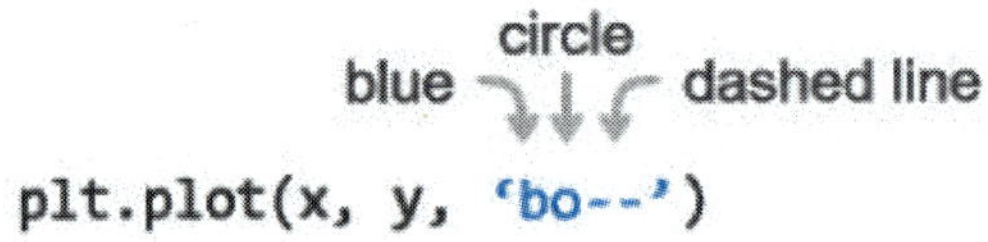

1.3 막대 그래프 (Bar Chart)

막대 그래프는 항목별 크기나 개수를 비교할 때 사용한다. 예를 들어, 지역별 학생 수를 비교하거나 과목별 점수를 보여줄 수 있다.

입력 코드

```
# 막대 그래프 그리기

subjects = ["수학", "영어", "과학"]
scores = [88, 92, 85]

plt.bar(subjects, scores)
plt.title("과목별 점수")
plt.xlabel("과목")
plt.ylabel("점수")
plt.show()
```

결과 그래프

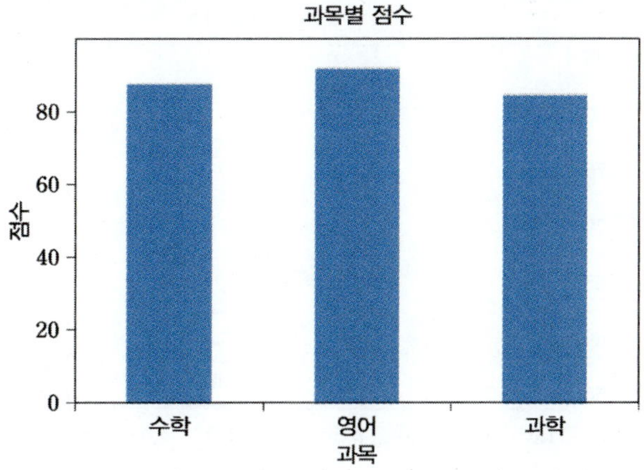

1.4 산포도 (Scatter Plot)

산포도는 두 변수 간의 관계를 점으로 표시한 그래프다. 예를 들어, 공부 시간과 시험 점수 사이의 관계를 시각화할 수 있다.

입력 코드

```
# 산포도 그래프 그리기

study_hours = [1, 2, 3, 4, 5]
scores = [55, 60, 65, 75, 85]

plt.scatter(study_hours, scores)
plt.title("공부 시간과 시험 점수")
plt.xlabel("공부 시간")
plt.ylabel("시험 점수")
plt.show()
```

결과 그래프

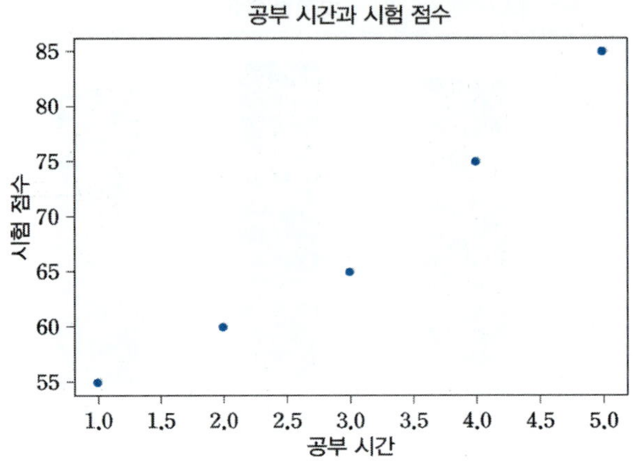

1.5 히스토그램 (Histogram)

히스토그램은 값이 어떤 구간에 얼마나 분포되어 있는지 보여주는 그래프다.

주로 점수 분포, 연령 분포, 소득 분포 등을 나타낼 때 사용한다.

입력 코드

```
# 히스토그램 그리기

ages = [20, 21, 21, 22, 22, 22, 23, 24, 25, 25, 26, 28]

plt.hist(ages, bins=5)
plt.title("나이 분포")
plt.xlabel("나이")
plt.ylabel("빈도")
plt.show()
```

bins=5는 구간을 5개로 나눠서 보여주겠다는 의미다.

결과 그래프

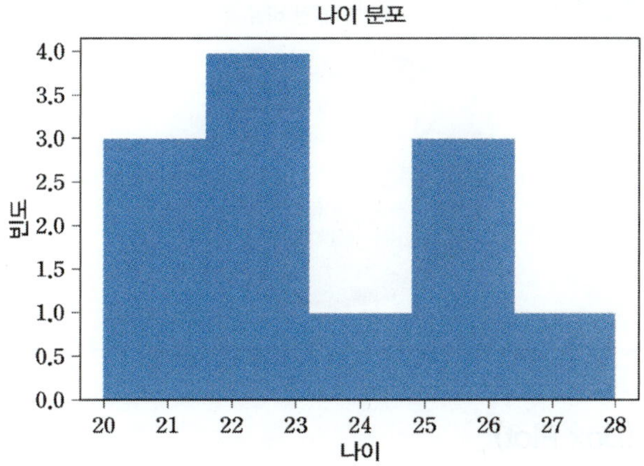

1.6 파이 차트 (Pie Chart)

파이 차트는 전체 중에서 각 항목이 얼마나 차지하는지 비율로 보여준다.

주로 카테고리별 비율, 인원 구성, 시장 점유율 등을 나타낼 때 사용한다.

입력 코드

```
# 파이차트 그리기

labels = ["서울", "부산", "대전"]
values = [50, 30, 20]

plt.pie(values, labels=labels, autopct="%1.1f%%")
plt.title("지역별 인원 비율")
plt.show()
```

autopct는 각 조각에 퍼센트를 표시해주는 옵션이다.

결과 그래프

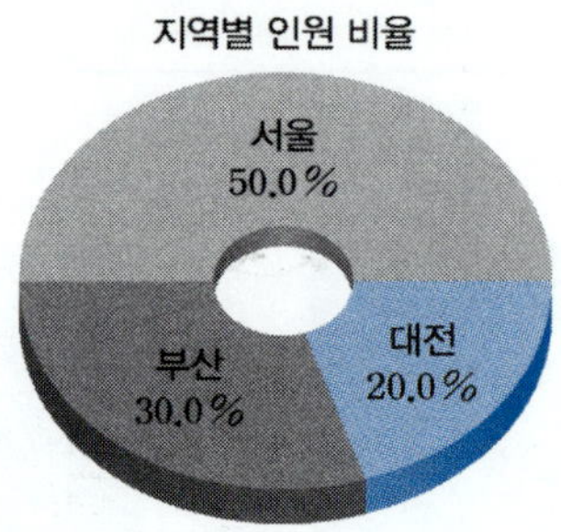

1.7 상자 그래프 (Box Plot)

상자 그림(Box plot)은 데이터의 중앙값, 퍼짐 정도, 이상치를 한눈에 보여주는 그래프다. 데이터의 전체 분포를 파악할 때 유용하다.

입력 코드

```
# 두 개의 점수 데이터로 상자 그래프 그리기

scores1 = [78, 85, 90, 95, 88, 82, 91, 76, 87, 100]
scores2 = [88, 90, 55, 76, 65, 89, 0, 66, 82, 100]

plt.boxplot([scores1, scores2], labels=["반 A", "반 B"])
plt.title("두 반의 점수 분포 비교")
plt.ylabel("점수")
plt.grid(True)
plt.show()
```

결과 그래프

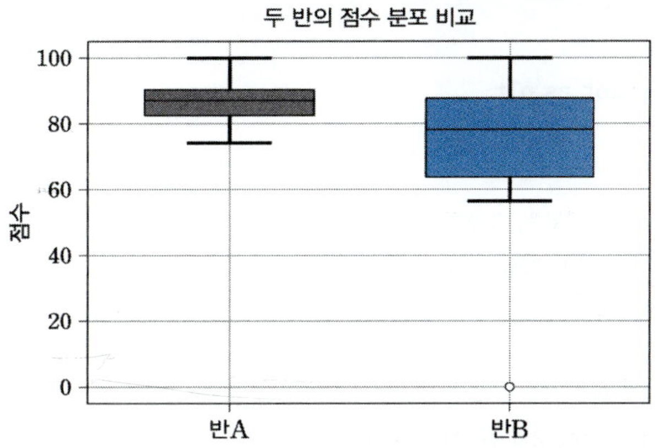

그래프의 상자 안은 1사분위수~3사분위수, 중간 선은 중앙값, 점은 이상치(outlier)를 의미한다. 상자 그래프를 통해서 반 A와 반 B의 점수 분포, 중앙값, 이상치를 한눈에 비교할 수 있다. 비교 대상이 여러 개일 경우에도 이 방식으로 손쉽게 시각화할 수 있다.

matplitlib.pyplot 라이브러리에서 제공하는 시각화 그래프 함수를 정리하면 다음과 같다.

명령어	기능
plt.plot()	선 그래프 그리기
plt.bar()	막대 그래프 그리기
plt.scatter()	산점도 그리기
plt.hist()	히스토그램 그리기
plt.pie()	파이 차트 그리기
plt.boxplot()	상자 그림 그리기

1.8 다중 그래프 그리기

matplotlib에서는 plt.subplot() 함수를 이용해 한 화면에 여러 개의 그래프를 나눠서 그릴 수 있다. 이번 예제에서는 왼쪽엔 선 그래프, 오른쪽엔 막대 그래프를 그려서 서로 다른 그래프를 나란히 비교해보자.

입력 코드

```
# 다중 그래프 그리기

import matplotlib.pyplot as plt

# 데이터 준비
days = ["월", "화", "수", "목", "금"]
temperatures = [15, 17, 20, 18, 16]
rainfall = [0, 5, 20, 10, 0]

# 첫 번째 그래프: 선 그래프
plt.subplot(1, 2, 1)  # 1행 2열 중 첫 번째 칸
plt.plot(days, temperatures, marker="o", color="blue")
plt.title("요일별 기온")
plt.xlabel("요일")
plt.ylabel("기온 (℃)")
plt.grid(True)

# 두 번째 그래프: 막대 그래프
plt.subplot(1, 2, 2)  # 1행 2열 중 두 번째 칸
plt.bar(days, rainfall, color="skyblue")
plt.title("요일별 강수량")
plt.xlabel("요일")
plt.ylabel("강수량 (mm)")
plt.grid(axis="y")

# 전체 레이아웃 조정
plt.tight_layout()
plt.show()
```

- plt.subplot(1, 2, 1) : 1행 2열의 구조 중 첫번째 칸에 그릴 그래프.
- plt.subplot(1, 2, 2) : 1행 2열의 구조 중 두번째 칸에 그릴 그래프

결과 그래프

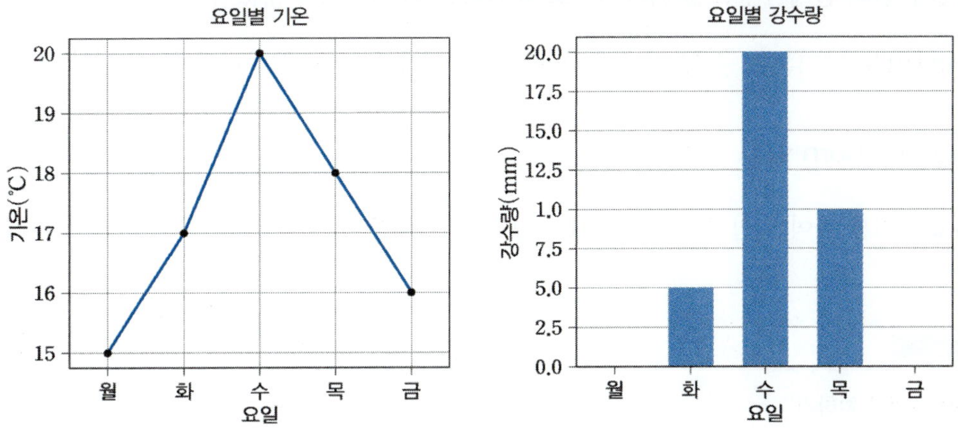

왼쪽 그래프는 기온의 변화를 선으로 표현하여 시간에 따른 흐름을 보여주고, 오른쪽 그래프는 강수량의 양을 막대로 표현하여 날마다 얼마나 비가 왔는지를 보여준다. 한 화면에 나란히 배치했기 때문에, 날씨와 비의 관계를 한눈에 파악할 수 있다.

이렇듯 plt.subplot()은 다음과 같은 경우에 유용하다.

- 서로 다른 종류의 데이터를 비교할 때
- 같은 주제에 대해 여러 지표를 함께 보여주고 싶을 때
- 복잡한 보고서나 대시보드에 시각정보를 효과적으로 배치할 때

2 고급 시각화와 다중 그래프

앞 절에서는 matplotlib.pyplot을 사용해 다양한 기본 그래프를 그려보았다. 이번 절에서는 좀 더 예쁘고 직관적인 시각화, 그리고 데이터 간의 관계를 쉽게 보여주는 고급 그래프를 그려보고자 한다.

이를 위해 사용하는 도구가 바로 Seaborn(시본)이다. Seaborn은 파이썬의 또 다른 시각화 라이브러리로, matplotlib 위에서 동작하며 더 아름답고 실용적인 그래프를 쉽게 만들 수 있게 해주는 도구다.

Seaborn 라이브러리의 장점은 다음과 같다.

- 색상이 자동으로 정갈하고 보기 좋다.

- 데이터프레임과 바로 연결해서 시각화할 수 있다.
- 변수 간의 관계나 분포를 시각적으로 표현하는 데 최적화되어 있다.

즉, matplotlib이 "기본 도구 상자"라면, seaborn은 "고급형 도구 세트"라고 할 수 있다.

2.1 Seaborn 설치 방법

Seaborn은 기본 파이썬 설치에는 포함되어 있지 않기 때문에, 처음 사용할 때 한 번만 설치해주면 된다.

입력 코드

```
# seaborn 설치하기

pip install seaborn
```

설치가 완료되면, 시각화 코드에서 아래와 같이 불러오면 된다.

입력 코드

```
# seaborn 라이브러리 불러오기

import matplotlib.pyplot as plt
import seaborn as sns


# 한글 설정 (필요 시)
plt.rcParams['font.family'] = 'Malgun Gothic'
plt.rcParams['axes.unicode_minus'] = False
```

2.2 lineplot() — 선 그래프

선 그래프는 시간 흐름에 따른 변화를 나타낼 때 사용한다. 즉, 날짜나 시간에 따라 값이 어떻게 변하는지를 보여줄 때 가장 적합하다. 하루 단위, 월별, 연도별 변화 같은 데이터를 다룰 때 유용하다. 값들이 선으로 부드럽게 이어지기 때문에 추세(Trend)를 파악하기 좋다. 특히 Seaborn의 lineplot()은 색상, 선 모양, 마커 등을 간단하게 설정해 깔끔하고 보기 좋은 시각화를 손쉽게 만들 수 있다.

입력 코드

```
# sns.lineplot 그리기

sns.lineplot(x=["월", "화", "수", "목", "금"], y=[80, 82, 85, 87, 90])
plt.title("요일별 평균 기온")
plt.show()
```

이 예제에서는 월~금요일까지 기온이 점점 올라가는 흐름을 선으로 보여준다.

결과 그래프

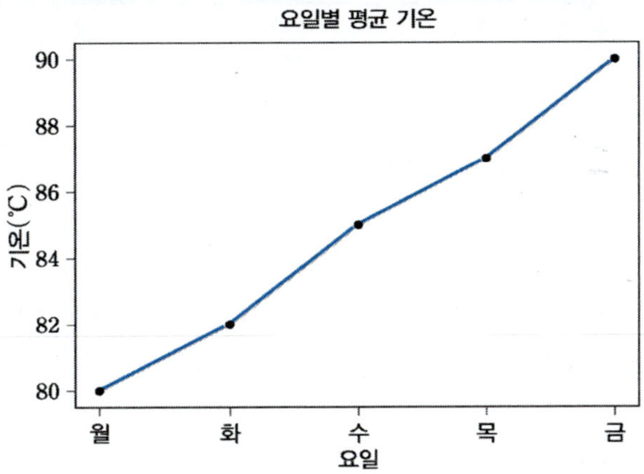

2.3 barplot() — 막대 그래프 (평균 중심)

Seaborn의 barplot()은 단순히 값을 보여주는 것이 아니라, 데이터를 그룹별로 묶어 평균을 계산하고, 그 평균을 막대로 표현해준다. 즉, 항목별 평균값을 비교할 때 사용한다. 예를 들어 과목별 점수, 부서별 매출, 제품별 만족도 등을 비교할 때 유용하다.

입력 코드

```
# sns.barplot 그리기

sns.barplot(x=["수학", "영어", "과학"], y=[90, 85, 88])
plt.title("과목별 평균 점수")
plt.show()
```

결과 그래프

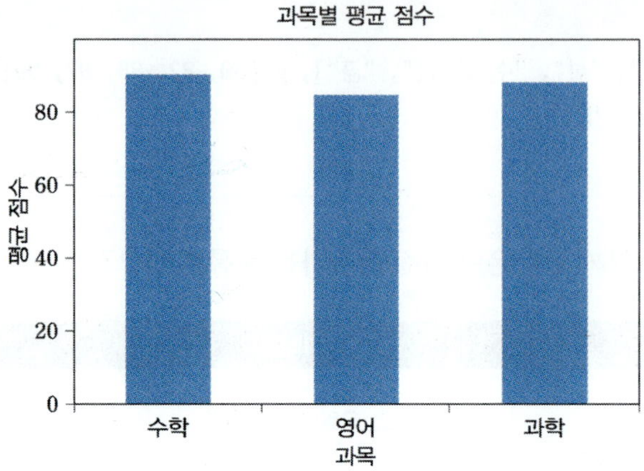

이 그래프를 보면 어떤 과목의 평균 점수가 가장 높은지, 그리고 각 점수 차이가 얼마나 되는지 한눈에 알 수 있다.

hue 옵션을 이용하면 한 그래프 안에서 두 가지 이상의 집단을 색깔로 구분해서 비교할 수 있게 해준다. 예를 들어, 남학생과 여학생의 과목별 평균 점수를 나란히 비교하고 싶을 때 사용한다.

입력 코드

```
# sns.barplot 그리기

# 예시 데이터 만들기
import pandas as pd

data = pd.DataFrame({
    "성별": ["남", "남", "남", "여", "여", "여"],
    "과목": ["수학", "영어", "과학", "수학", "영어", "과학"],
    "점수": [85, 78, 92, 88, 82, 89]
})

# hue 사용한 barplot
sns.barplot(x="과목", y="점수", hue="성별", data=data)
plt.title("과목별 평균 점수 (성별 비교)")
plt.ylabel("평균 점수")
plt.show()
```

결과 그래프

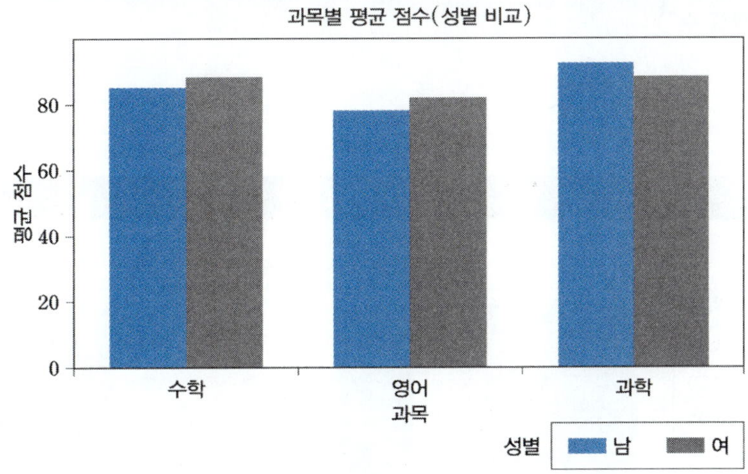

같은 과목이라도 남학생과 여학생의 점수를 서로 다른 색의 막대로 나란히 비교할 수 있다. 이렇게 hue 옵션을 활용하면 시각적으로 집단 간 차이를 쉽게 보여주는 데 매우 유용하며, 하나의 그래프에서 여러 범주를 동시에 보여줄 수 있어 보고서나 발표 자료를 만들 때도 매우 효과적이다.

2.4 countplot() — 항목 개수 세기 그래프

countplot()은 특정 항목이 데이터에서 몇 번 등장했는지(빈도)를 자동으로 세어주는 그래프이다. 즉, 성별, 지역, 전공처럼 카테고리형 데이터의 분포를 알고 싶을 때 사용한다. 예를 들어, 어떤 전공이 가장 많은지, 어떤 지역에 학생이 몰려 있는지를 보여준다.

여기에 hue를 함께 사용하면, 카테고리 안에서 또 다른 범주를 비교할 수 있게 된다.

입력 코드

```
# sns.countplot 그리기

data = pd.DataFrame({
    "성별": ["남", "여", "남", "여", "여", "남", "남", "여", "여", "남"],
    "전공": ["컴퓨터", "컴퓨터", "경영", "경영", "사회", "컴퓨터", "사회", "사회", "컴퓨터", "
경영"]
})

# hue를 사용한 countplot
sns.countplot(x="전공", hue="성별", data=data)
```

```
plt.title("전공별 학생 수 (성별 구분)")
plt.ylabel("학생 수")
plt.grid(True)
plt.show()
```

결과 그래프

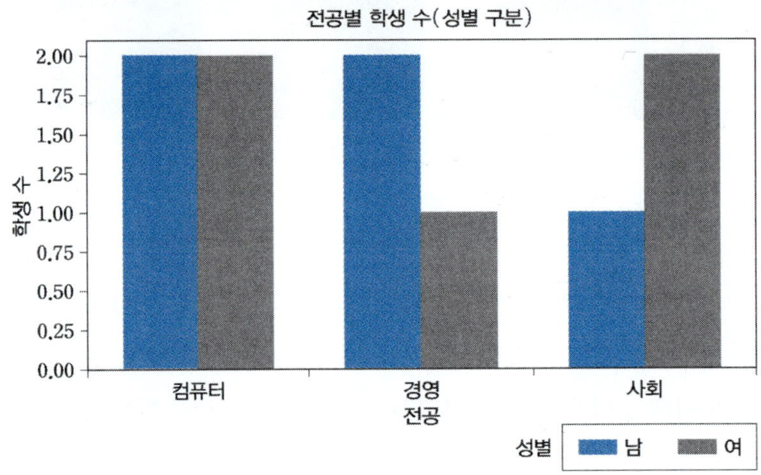

이 그래프는 전공별로 총 몇 명의 학생이 있는지, 그 중 남학생과 여학생이 각각 몇 명인지 색상으로 성별이 구분되어 있어서, 예를 들어 "컴퓨터 전공은 남녀비율이 같구나" 또는 "사회학과는 여학생이 더 많구나" 같은 해석이 가능하다.

countplot()은 학과별, 지역별, 전공별 인원 구성을 비교할 때, 고객 유형(성별, 연령대)에 따른 그룹 내 비율을 직관적으로 보여주고 싶을 때 사용하면 유용하다.

2.5 scatterplot() — 산포도 (산점도)

scatterplot()은 두 숫자형 변수 사이의 관계를 점으로 시각화하는 그래프다. 예를 들어, 공부 시간과 시험 점수처럼 하나가 늘어날수록 다른 것도 함께 늘어나는지를 확인하고 싶을 때 사용한다. 이 그래프는 상관관계를 시각적으로 보여준다. 즉, 두 변수 사이의 관계를 점으로 시각화하며, hue, size, style 등 다양한 옵션으로 집단별 차이도 함께 표현할 수 있다.

입력 코드

```
# sns.scatterplot 그리기

# CSV 파일 불러오기
df = pd.read_csv("body_measurements.csv")

# scatterplot 그리기
sns.scatterplot(data=df, x="키", y="몸무게", hue="성별", style="성별", s=100)
plt.title("키와 몸무게의 관계 (성별 구분)")
plt.xlabel("키 (cm)")
plt.ylabel("몸무게 (kg)")
plt.show()
```

결과 그래프

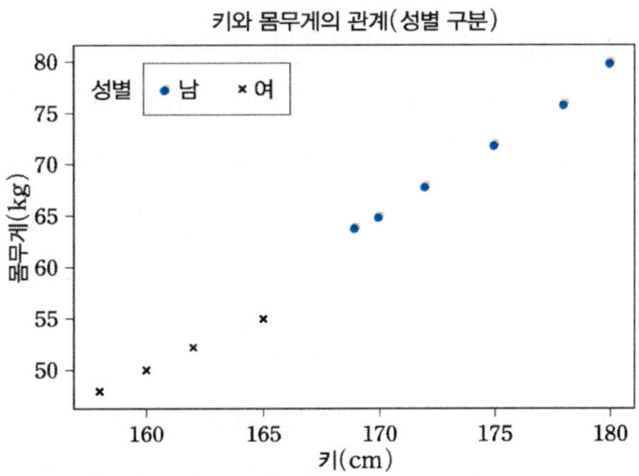

이 그래프는 키가 클수록 몸무게도 증가하는 경향 뿐 아니라 성별에 따른 분포 차이 및 데이터가 얼마나 퍼져 있는지 (산점도 특성) 여부도 함께 보여준다.

2.6 boxplot() — 상자 그림

Boxplot()은 단순히 "평균"만 보여주는 그래프가 아니다. 데이터가 어떻게 퍼져 있는지, 가운데 값은 얼마인지, 그리고 다른 값보다 너무 큰 값(이상치)은 어디에 있는지까지 한눈에 볼 수 있다.

이제 상자 그림의 각 구성 요소가 무엇을 의미하는지 하나씩 살펴보자.

① 중앙값 (가운데 선)

- 상자 안을 가로로 가로지르는 굵은 선은 중앙값(Median)이다.
- 데이터를 크기 순으로 나열했을 때 정확히 가운데 있는 값이다.
- 이 값은 "대표적인 값"으로 생각하면 된다.
- 예: 시험 점수가 [50, 60, 70, 80, 90]일 때 중앙값은 70이다.

② 상자(Box): 50%가 들어 있는 범위

- 상자는 1사분위수(Q1)부터 3사분위수(Q3)까지를 포함한다.
- 쉽게 말해, 가운데 50%의 데이터가 이 상자 안에 들어 있다.
- 즉, 절반의 학생은 이 상자 범위 안에 점수가 있다는 뜻이다.
- 상자가 길수록 데이터가 넓게 퍼져 있다는 의미다.

③ 수염(Whiskers): 퍼짐 정도

- 상자 양옆으로 쭉 뻗은 선은 수염이라고 부른다.
- 이 선은 대부분의 데이터가 어느 정도까지 퍼져 있는지를 보여주는 범위다.
- 데이터 중에서 너무 크거나 너무 작은 이상치를 제외하고, 일반적인 값이 어디까지 있는지를 시각적으로 알려준다.

④ 점(Dots): 이상치 (Outlier)

- 수염 밖에 떨어져 있는 동그란 점들은 이상치다.
- 이상치는 다른 값들과 비교해 유독 크거나 작은 값을 의미한다.
- 예를 들어, 반 평균이 70점인데 누군가 20점이나 100점을 받았다면, 이 값은 이상치로 표시된다.
- 이상치는 데이터를 해석할 때 주의 깊게 살펴볼 필요가 있다.

즉, Boxplot()에서 보여주는 상자 그림 하나만 보면, 데이터가 어디에 몰려 있는지, 평균과는 얼마나 다른지, 특이한 값은 있는지를 빠르게 파악할 수 있다. 그래서 상자 그림은 비교 분석, 요약, 이상치 탐색에 매우 유용한 시각화 도구다.

구성 요소	의미	표현
중앙값(가운데선)	가운데 값	중간 성적
상자(Box)	가운데 50% 범위	절반의 학생이 속한 구간
수염(Whiskers)	일반적인 퍼짐 정도	대부분의 값이 포함된 구간
점(Dots)	이상치	너무 크거나 작은 예외적인 값

입력 코드

```
# sns.boxplot 그리기

# CSV 파일 불러오기
df = pd.read_csv("body_measurements.csv")

# boxplot 그리기
sns.boxplot(data=df, x="성별", y="몸무게", palette="Set2")
plt.title("성별에 따른 몸무게 분포")
plt.xlabel("성별")
plt.ylabel("몸무게 (kg)")
plt.show()
```

결과 그래프

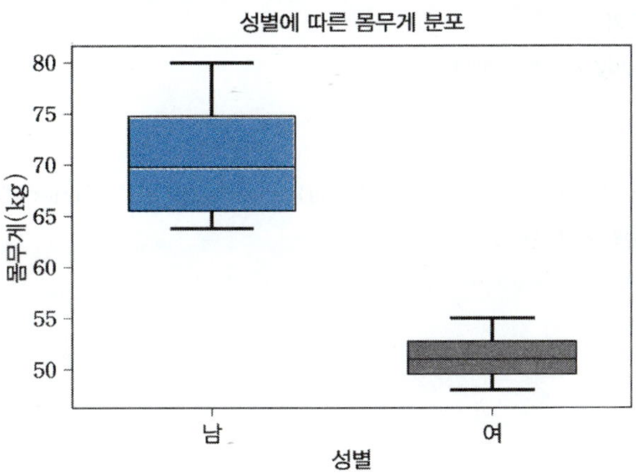

이 그래프를 통해 남성과 여성의 몸무게 분포가 어떻게 다른지 시각적으로 비교할 수 있다. 예를 들어 남성은 몸무게의 범위가 넓고, 여성은 중간 값이 비교적 낮을 수 있다. 이상치(다른 값보다 너무 크거나 작은 점)가 있는 경우, 그래프에 동그란 점으로 표시되는데, 해당 예제 데이터에서는 이상치가 존재하지 않는다. "몸무게" 대신 "키"로 바꾸면 성별 키 분포를 시각화할 수 있다. hue="전공" 같은 다른 범주를 추가하면 세부 그룹 비교도 가능하다.

2.7 violinplot() — 바이올린 플롯

violinplot()은 바이올린 플롯은 이름처럼 생긴 그래프로, boxplot(상자 그림)과 비슷하지만 한 가지 더 많은 정보를 보여준다. 바로 데이터가 어디에 많이 몰려 있는지(분포 밀도)까지 함께 표현해주는 시각화 도구다. 즉, 바이올린 플롯은 상자 그림보다 더 풍부한 형태로 데이터의 구조를 보여주는 고급 그래프다.

요소	설명
중앙값	가운데 하얀 점 또는 선으로 표시된다.
상자 범위	상자 그림처럼 1사분위수~3사분위수도 나타난다.
퍼짐 정도	좌우 대칭 형태로 분포 밀도가 부풀어 올라 있다.
분포 모양	종 모양, 낙타 등 다양한 형태가 나타날 수 있다. 데이터가 어디에 몰려 있는지 시각적으로 알 수 있다.

입력 코드

```
# sns.violinplot 그리기

# 외부 CSV 파일 불러오기
df = pd.read_csv("body_measurements.csv")

# violinplot 그리기
sns.violinplot(data=df, x="성별", y="키", palette="pastel", inner="box")
plt.title("성별에 따른 키 분포")
plt.xlabel("성별")
plt.ylabel("키 (cm)")
plt.show()
```

결과 그래프

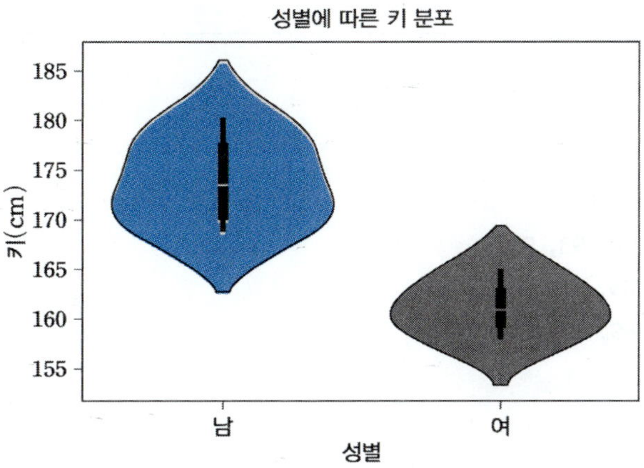

이 그래프는 남성과 여성 각각의 키 분포 모양을 바이올린처럼 부풀려 시각화한다. 부풀어 있는 부분이 많을수록 그 구간에 해당하는 키를 가진 사람이 많다는 뜻이다. 가운데 하얀 점은 중앙값, 검정 선은 사분위 범위, 전체 도형은 전체 분포 밀도를 보여준다. 예를 들어 여성 쪽 바이올린이 160~165cm에서 가장 넓게 퍼져 있다면, 그 키 구간에 가장 많은 사람이 있다는 의미다.

정리하자면, 바이올린 플롯은 박스플롯과 비슷하지만, 데이터가 어디에 몰려 있고, 얼마나 균형 있게 퍼져 있는지를 한눈에 시각적으로 파악할 수 있도록 도와준다.

2.8 heatmap() — 히트맵 (열지도)

heatmap()은 숫자 데이터를 색깔로 표현해주는 아주 직관적인 그래프이다. 표처럼 생긴 데이터(예: 시험 점수표, 상관관계표 등)에 색깔을 입혀 어떤 값이 크고, 어떤 값이 작은지를 한눈에 비교할 수 있게 도와준다.

heatmap()은 주로 아래와 같은 상황에서 자주 사용된다.

- 과목별 성적 비교
- 지역별 판매량 비교
- 변수 간의 상관관계 보기 (예: 키와 몸무게가 얼마나 관련 있는지)
- 행렬 데이터를 시각적으로 보고 싶을 때

숫자를 눈으로 일일이 비교하지 않아도, 진한 색은 높은 값, 옅은 색은 낮은 값이라는 패턴을 통해 데이터의 흐름이나 이상값을 바로 알아차릴 수 있다.

입력 코드

```
# sns.heatmap 그리기

# 과목별 점수 데이터
scores = pd.DataFrame({
    "수학": [85, 88, 90, 93, 95],
    "영어": [78, 82, 85, 87, 90],
    "과학": [88, 86, 89, 91, 94]
})

# 상관계수 행렬 만들기
corr_matrix = scores.corr()

# heatmap
sns.heatmap(corr_matrix, annot=True, cmap="YlGnBu", fmt=".2f")
plt.title("과목 간 상관관계")
plt.show()
```

scores.corr()는 과목 간의 상관계수(correlation coefficient)를 계산해주는 명령어다. 상관계수는 두 과목의 점수가 서로 얼마나 관련이 있는지를 숫자로 알려준다.

- 1에 가까울수록 강한 양의 관계 (함께 올라감)
- 0이면 거의 관계 없음
- -1에 가까우면 반대 방향으로 움직이는 관계

예를 들어 수학과 과학 점수가 모두 높거나 낮다면, 이 둘은 상관관계가 높다고 볼 수 있다. 이 결과는 행과 열이 과목 이름으로 구성된 정사각형 표로 출력된다.

sns.heatmap() 옵션의 의미는 다음과 같다.

코드	기능
annot=True	셀 안에 실제 숫자를 표시
cmap="YlGnBu"	색상 테마를 노랑(Yellow)~초록(Green)~파랑(Blue) 계열로 설정한다. 숫자가 높을수록 진한 파란색으로 표시
fmt=".2f"	소수점 둘째 자리까지 숫자를 표시한다 (예: 0.85).

결과 그래프

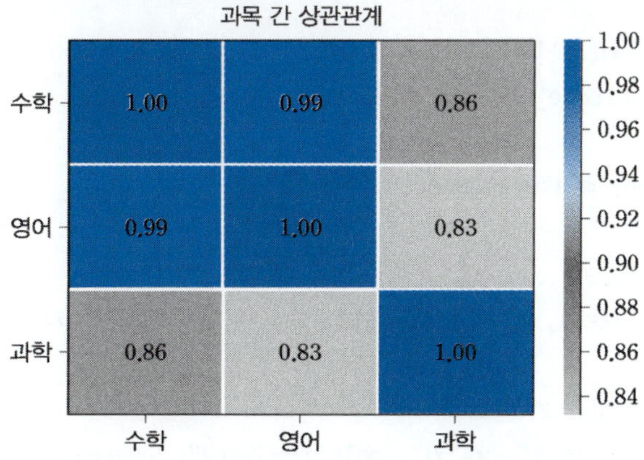

이 히트맵을 통해 우리는 다음과 같은 질문에 쉽게 답할 수 있다:

- 수학 점수가 높은 학생은 과학도 잘하는 경향이 있는가?
- 영어 점수와 수학 점수는 어떤 관계가 있는가?
- 전체 과목 중 가장 관련성 있는 과목쌍은 무엇인가?

예를 들어 수학과 과학의 상관계수가 0.95라면, 이 두 과목은 매우 비슷한 패턴으로 움직이고 있다고 해석할 수 있다.

2.9 Seaborn을 이용한 다중 그래프 (subplot)

시각화를 할 때 하나의 그래프만 보여주는 것보다, 여러 개의 그래프를 한 화면에 나란히 보여주는 방식이 더 직관적일 때가 있다. 예를 들어 성별에 따라 몸무게 분포를 비교하거나, 과목별 점수 분포를 한눈에 보고 싶을 때 다중 그래프(subplot)을 활용하면 효과적이다.

Seaborn 자체에는 subplot 기능이 없지만, matplotlib의 plt.subplots()를 함께 사용하면 Seaborn 그래프를 다중 화면 안에 배치할 수 있다.

입력 코드

```
# 다중그래프 그리기

import pandas as pd
import seaborn as sns
import matplotlib.pyplot as plt
```

```
# 한글 설정
plt.rcParams['font.family'] = 'Malgun Gothic'
plt.rcParams['axes.unicode_minus'] = False
# 데이터 불러오기
df = pd.read_csv("body_measurements.csv")

# 1행 2열의 그래프 틀 만들기
fig, axes = plt.subplots(1, 2, figsize=(12, 5))  # 1행 2열 크기 지정

# 첫 번째 그래프: 성별에 따른 키 분포
sns.boxplot(data=df, x="성별", y="키", palette="Set2", ax=axes[0])
axes[0].set_title("성별에 따른 키 분포")
axes[0].set_xlabel("성별")
axes[0].set_ylabel("키 (cm)")

# 두 번째 그래프: 성별에 따른 몸무게 분포
sns.violinplot(data=df, x="성별", y="몸무게", palette="Set3", ax=axes[1])
axes[1].set_title("성별에 따른 몸무게 분포")
axes[1].set_xlabel("성별")
axes[1].set_ylabel("몸무게 (kg)")

plt.tight_layout()  # 그래프 간격 자동 조절
plt.show()
```

위 코드는 하나의 창에 두 개의 Seaborn 그래프를 나란히 배치하고 성별에 따라 키와 몸무게 분포를 비교해서 보여주는 예제이다. 비교 대상이 2개 이상일 때는 이런 방식으로 한눈에 보여주는 것이 훨씬 직관적이다.

- fig, axes = plt.subplots(1, 2, figsize=(12, 5)) : 한 줄에 그래프 2개를 나란히 그릴 수 있는 공간을 만든다. 1, 2는 1행 2열 구성이라는 뜻이고, figsize는 전체 그래프의 크기를 지정하는 부분이다.
- sns.boxplot(data=df, x="성별", y="키", palette="Set2", ax=axes[0]) : 첫 번째 그래프(왼쪽)에 성별에 따른 키 분포를 박스 플롯으로 그린다. ax=axes[0]은 이 그래프가 왼쪽 칸에 들어간다는 의미다. palette="Set2"는 부드러운 색상을 선택한 것이다.
- sns.violinplot(data=df, x="성별", y="몸무게", palette="Set3", ax=axes[1]) : 두 번째 그래프(오

른쪽)에 성별에 따른 몸무게 분포를 바이올린 플롯으로 그린다. ax=axes[1]은 오른쪽 칸에 들어간다는 뜻이다.

- plt.tight_layout() : 두 그래프가 겹치지 않도록 간격을 자동으로 조절해준다.

필요하면 이 코드를 확장해서 3개, 4개, 혹은 2행 2열 구조의 그래프로도 바꿔줄 수 있다.

결과 그래프

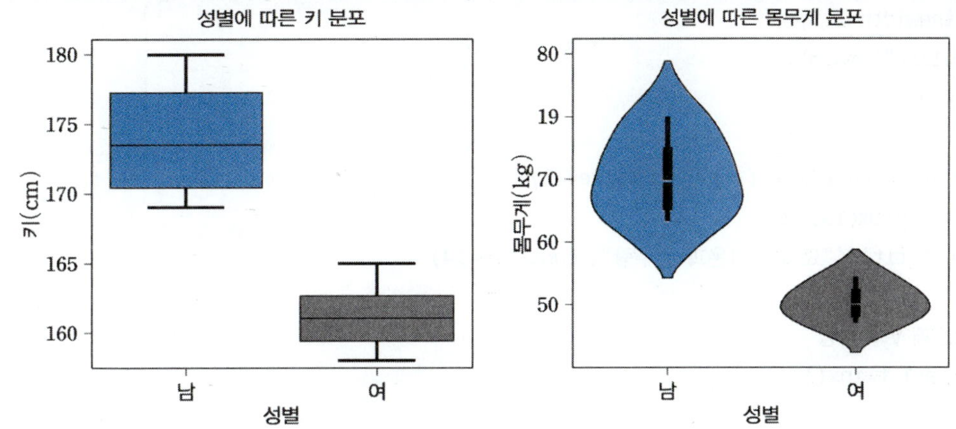

2.10 이중축(Double Y-Axis) 그래프 그리기

이중축은 하나의 x축에 대해 두 개의 y축을 가지는 그래프다. 예를 들어, 같은 날짜에 대해 기온(℃)과 강수량(mm)을 동시에 시각화하려고 할 때 사용할 수 있다. Seaborn에는 기본적으로 이중축 기능이 내장되어 있지 않지만, matplotlib의 twinx() 기능과 함께 사용하면 쉽게 구현할 수 있다.

입력 코드

```
# 이중축 그래프 그리기

# 데이터 준비
data = pd.DataFrame({
    "요일": ["월", "화", "수", "목", "금"],
    "기온": [17, 19, 21, 20, 18],
    "강수량": [0, 5, 20, 10, 0]
})

# 기본 축 생성
fig, ax1 = plt.subplots(figsize=(8, 5))
```

```
# 첫 번째 y축: 기온 (선 그래프)
sns.lineplot(
    data=data,
    x="요일",
    y="기온",
    marker="o",
    linewidth=2.5,
    color="tomato",
    ax=ax1
)
ax1.set_ylabel("기온 (℃)", fontsize=12)
ax1.set_ylim(15, 25)
ax1.set_title("요일별 기온과 강수량", fontsize=14)

# 두 번째 y축 생성
ax2 = ax1.twinx()

# 두 번째 y축: 강수량 (막대 그래프)
sns.barplot(
    data=data,
    x="요일",
    y="강수량",
    color="skyblue",
    alpha=0.6,
    ax=ax2
)
ax2.set_ylabel("강수량 (mm)", fontsize=12)
ax2.set_ylim(0, 25)

# 그래프 출력
plt.tight_layout()
plt.show()
```

이중축을 그리는 코드에 대한 설명은 아래와 같다.

- fig, ax1 = plt.subplots() : 첫번째 y축을 그릴 그래프 창을 만든다.
- ax1.twinx() : 두 번째 y축을 만들어 첫 번째 축과 공유한다.

- sns.lineplot(..., ax=ax1) : 첫번째 축에 선 그래프(기온)를 그린다.
- sns.barplot(..., ax=ax2) : 두 번째 축에 막대 그래프(강수량)를 그린다.
- alpha=0.6 : 막대그래프의 투명도 조절 (겹쳐도 잘 보이게)
- set_ylim() : y축 범위를 수동으로 설정해 두 그래프가 잘 어우러지게 조정한다.

결과 그래프

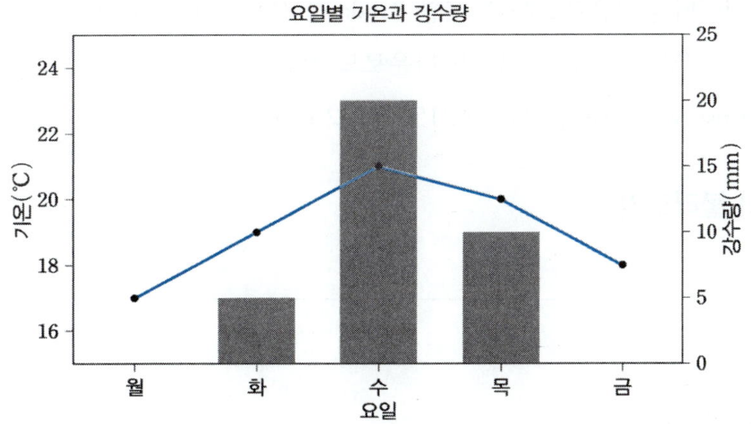

위 그래프에서 선 그래프(왼쪽 y축)는 요일별 기온 변화를, 막대 그래프(오른쪽 y축)는 같은 요일의 강수량을 표현한다. 하나의 x축(요일)을 공유하면서 서로 다른 두 단위를 동시에 시각화할 수 있다.

이렇듯 이중축 그래프는 아래와 같은 경우 유용하게 사용할 수 있다.

- 단위가 다른 데이터를 비교하고 싶을 때 (예: 매출액과 방문자 수, 기온과 강수량, 키와 체중 등)
- 한쪽은 선 그래프, 다른 쪽은 막대 그래프처럼 형태가 다른 시각화를 조합하고 싶을 때
- 두 변수가 같은 x축(날짜, 시간 등)을 기준으로 정렬되어 있을 때

3 건강검진 데이터를 활용한 데이터 시각화

이번 절에서는 위에서 배운 시각화 도구를 이용해서 실제 데이터로 시각화 작업을 해 보고자 한다.

3.1 데이터 준비

먼저, 건강검진 데이터를 다운로드하고, 이를 Pandas를 사용하여 불러오자. 공공데이터포털에서 국민건강보험공단_건강검진정보 데이터를 다운로드한다.
(참고 사이트 : https://www.data.go.kr/data/15007122/fileData.do)

3.2 데이터 불러오기

입력 코드

```
# 데이터(.csv) 불러오기

iimport pandas as pd

# 경로 지정
import os
os.chdir("C:/Users/... /실습파일/ch.10")
# 데이터 파일 경로 설정
file_path = '건강검진정보.csv'  # 다운로드한 CSV 파일의 경로

# CSV 파일 불러오기
df = pd.read_csv(file_path, encoding='cp949')  # 한글 인코딩 문제로 'cp949' 사용

# 데이터 확인
print(df.head())
```

3.3 시각화 라이브러리 불러오기 및 한글 설정

입력 코드

```
# 시각화 라이브러리 불러오기 및 한글 설정

import matplotlib.pyplot as plt
import seaborn as sns

# 한글 폰트 설정 (Windows 기준)
plt.rcParams['font.family'] = 'Malgun Gothic'
plt.rcParams['axes.unicode_minus'] = False
```

3.3 연령대별 평균 체질량지수(BMI) 시각화

입력 코드

```
# 연령대별 평균 체질량지수(BMI) 시각화

# BMI 계산 및 새로운 열 추가
df['BMI'] = df['체중(5kg단위)'] / (df['신장(5cm단위)'] / 100) ** 2

# 연령대별 평균 BMI 계산
age_bmi = df.groupby('연령대코드(5세단위)')['BMI'].mean().reset_index()

# 막대 그래프 그리기
plt.figure(figsize=(10, 6))
sns.barplot(x='연령대코드(5세단위)', y='BMI', data=age_bmi, palette='viridis')
plt.title('연령대별 평균 체질량지수(BMI)')
plt.xlabel('연령대')
plt.ylabel('평균 BMI')
plt.show()
```

출력 결과

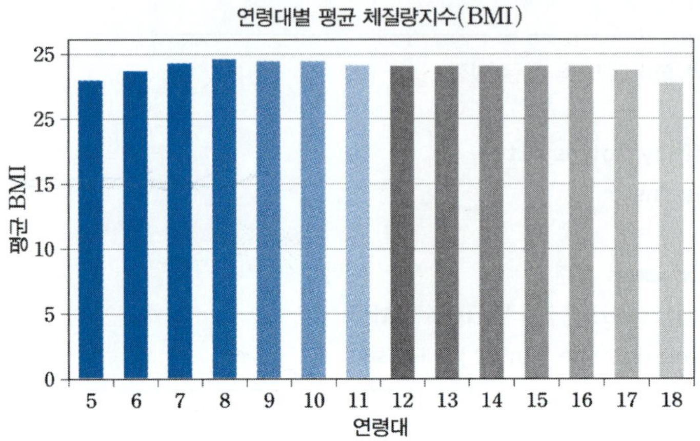

3.4 성별에 따른 혈압 분포 시각화 (상자 그림)

입력 코드

```
# 성별에 따른 혈압 분포 시각화

# 수축기 혈압과 이완기 혈압을 하나의 열로 변환
df_melted = df.melt(id_vars=['성별코드'], value_vars=['수축기혈압', '이완기혈압'],
                    var_name='혈압 종류', value_name='혈압')

# 상자 그림 그리기
plt.figure(figsize=(10, 6))
sns.boxplot(x='혈압 종류', y='혈압', hue='성별코드', data=df_melted, palette='Set2')
plt.title('성별에 따른 혈압 분포')
plt.xlabel('혈압 종류')
plt.ylabel('혈압(mmHg)')
plt.legend(title='성별', labels=['남성', '여성'])
plt.show()
```

출력 결과

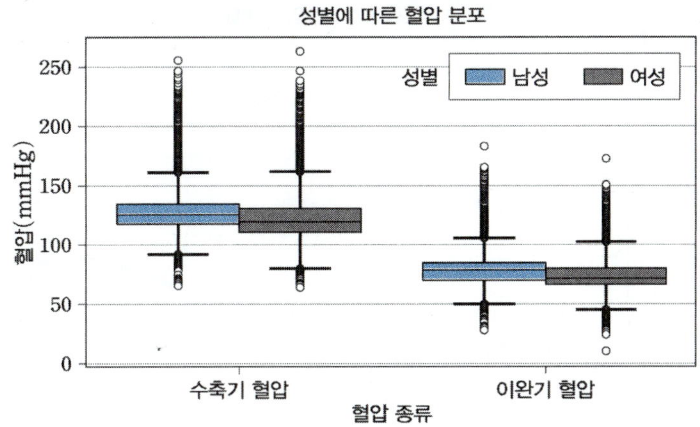

3.5 연령대별 고혈압 유병률 시각화 (선 그래프)

입력 코드

```
# 연령대별 고혈압 유병률 시각화

# 고혈압 기준: 수축기 혈압 ≥ 140 또는 이완기 혈압 ≥ 90
df['고혈압 여부'] = (df['수축기혈압'] >= 140) | (df['이완기혈압'] >= 90)

# 연령대별 고혈압 유병률 계산
age_hypertension = df.groupby('연령대코드(5세단위)')['고혈압 여부'].mean().reset_index()
age_hypertension['고혈압 유병률(%)'] = age_hypertension['고혈압 여부'] * 100

# 선 그래프 그리기
plt.figure(figsize=(10, 6))
sns.lineplot(x='연령대코드(5세단위)', y='고혈압 유병률(%)', data=age_hypertension,
         marker='o', linewidth=2.5, color='tomato')
plt.title('연령대별 고혈압 유병률')
plt.xlabel('연령대')
plt.ylabel('고혈압 유병률(%)')
plt.ylim(0, 100)
plt.show()
```

출력 결과

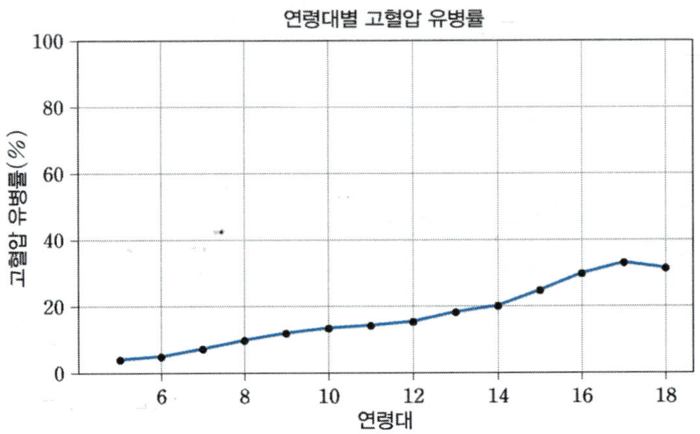

3.6 체질량지수(BMI)와 혈압의 상관관계 시각화 (산점도)

입력 코드

```
# 제질량지수와 혈압의 상관관계 시각화

# 상관계수 구할 변수들 선택
corr_data = df[["BMI", "수축기혈압", "이완기혈압"]]

# 상관계수 행렬 계산
corr_matrix = corr_data.corr()

# 히트맵 그리기
plt.figure(figsize=(8, 6))
sns.heatmap(corr_matrix, annot=True, cmap="YlGnBu", fmt=".2f")
plt.title("BMI와 혈압의 상관관계 히트맵")
plt.show()
```

출력 결과

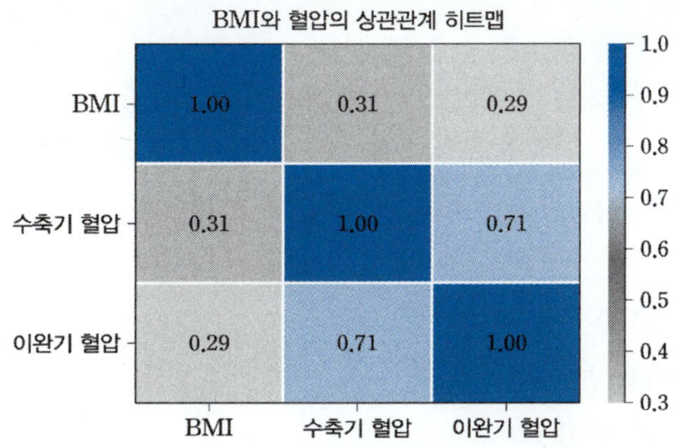

위와 같은 결과라면, BMI와 수축기혈압 사이에는 약한 양의 상관관계가 있다는 것을 알 수 있다.

이러한 시각화를 통해 건강검진 데이터에서 다양한 인사이트를 얻을 수 있다. 각 그래프는 데이터의 특정 측면을 강조하며, 이를 통해 건강 상태의 패턴이나 이상치를 발견하는 데 도움이 된다.

앞서 배운 시각화 기법들을 실제 데이터에 적용함으로써, 데이터 분석 능력을 향상시킬 수 있을 것이다.

❒ 주요 개념 요약

1. 다양한 그래프 그리기 (matplotlib 중심)

- 데이터 시각화는 데이터를 그림으로 표현하는 작업으로, 복잡한 수치도 쉽게 이해할 수 있게 도와준다.
- matplotlib.pyplot은 파이썬의 대표적인 시각화 도구이며, plt.plot(), plt.bar() 등 다양한 그래프를 지원한다.
- 기본 그래프 종류와 활용 상황:
  - plot() : 시간에 따른 변화 (선 그래프)
  - bar() : 항목별 비교 (막대 그래프)
  - scatter() : 변수 간 관계 (산점도)
  - hist() : 값의 분포 확인 (히스토그램)
  - pie() : 비율 표현 (파이 차트)
  - boxplot() : 중앙값, 이상치 확인 (상자 그림)
- 그래프 꾸미기 요소:
  - title(), xlabel(), ylabel() : 제목, 축 이름 설정
  - grid(), ylim(), linestyle, color, marker 등으로 시각 효과 조절
- plt.subplot()을 사용하면 여러 개의 그래프를 한 화면에 배치할 수 있다.

2. 고급 시각화와 다중 그래프 (Seaborn 활용)

- Seaborn은 더 예쁘고 직관적인 시각화를 위한 고급 라이브러리이다.
- matplotlib 위에서 작동하며, 색상과 스타일이 자동으로 잘 정리된다.
- 주요 그래프 함수와 쓰임:
  - lineplot() : 시간 흐름에 따른 데이터 추세
  - barplot() : 그룹별 평균 비교 (평균 중심 막대 그래프)
  - countplot() : 카테고리별 빈도 비교
  - scatterplot() : 두 수치형 변수 간 관계 (분포, 상관성)
  - boxplot() : 데이터의 분포, 이상치, 퍼짐 정도를 한눈에
  - violinplot() : 분포 밀도까지 표현하는 고급 상자 그림
  - heatmap() : 상관관계나 수치형 행렬을 색으로 표현
- hue, style, palette 등 다양한 옵션을 이용해 그룹별 차이 시각화가 가능하다.

- plt.subplots()를 활용하면 여러 seaborn 그래프를 한 화면에 배치할 수 있다.
- twinx()를 사용하면 이중축 그래프(예: 기온+강수량)를 구현할 수 있다.

3. 건강검진 데이터를 활용한 실전 시각화

- 실제 건강검진 데이터를 활용해 시각화 실습을 진행한다. (예: 국민건강보험공단 건강검진 정보)
- 실습 데이터 구성:
  - 연령대, 성별, 키, 체중, 혈압 등 건강 관련 변수
- 주요 시각화 예제:
  - 연령대별 평균 BMI (막대 그래프)
  - 성별에 따른 혈압 분포 (상자 그림)
  - 연령대별 고혈압 유병률 (선 그래프)
  - BMI와 혈압 간 상관관계 (히트맵)
- 실습을 통해 분포 확인, 이상치 탐지, 변수 간 관계 해석 등을 학습할 수 있다.
- 시각화는 데이터를 더 깊이 이해하고 의미 있는 인사이트를 발견하는 도구임을 체험할 수 있다.

실습과제

01 요일별 기온 변화 선 그래프 그리기

다음 데이터를 선 그래프로 그려보자.

요일: ["월", "화", "수", "목", "금"], 기온: [17, 19, 21, 20, 18]

선 색은 green, 마커는 동그라미(o), 선 스타일은 점선(--)로 지정한다.

출력 결과

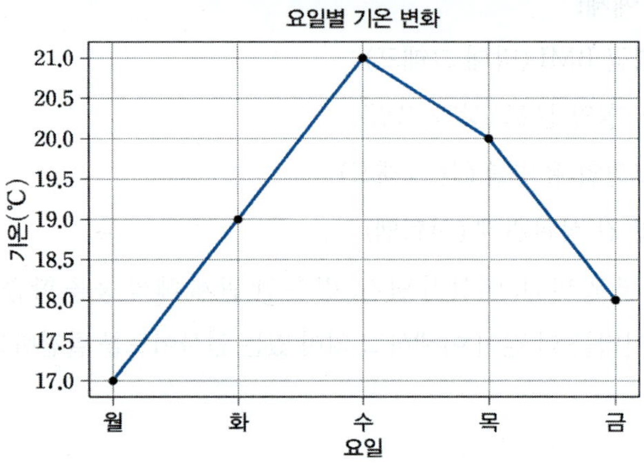

02 과목별 점수 막대 그래프

과목별 평균 점수를 막대그래프로 나타내보자.

과목: ["국어", "수학", "영어", "과학"], 점수: [85, 90, 82, 88]

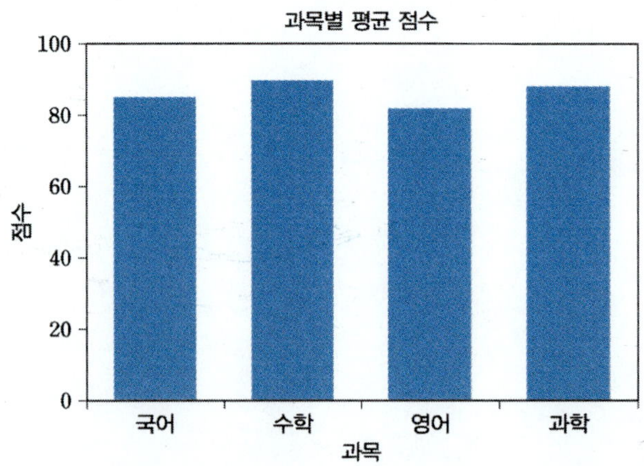

03 성별에 따른 키 분포 상자 그림 그리기 (Seaborn)

다음 데이터를 사용해 성별에 따른 키 분포를 상자 그림(Boxplot)으로 나타내보자.

이름	성별	키
철수	남자	172
영희	여자	160
민수	남자	180
지영	여자	158
태호	남자	175

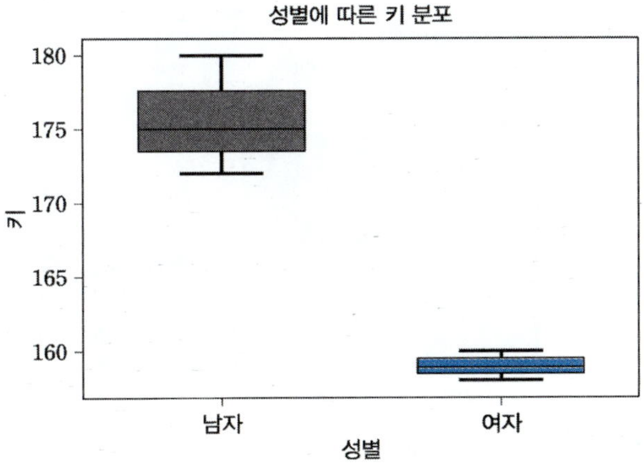

04 두 변수 간의 산점도 (scatterplot)

다음 데이터를 사용해 공부시간과 시험점수 사이의 관계를 산점도로 시각화한다.

공부시간	시험점수
2	60
4	75
5	80
7	90
9	95

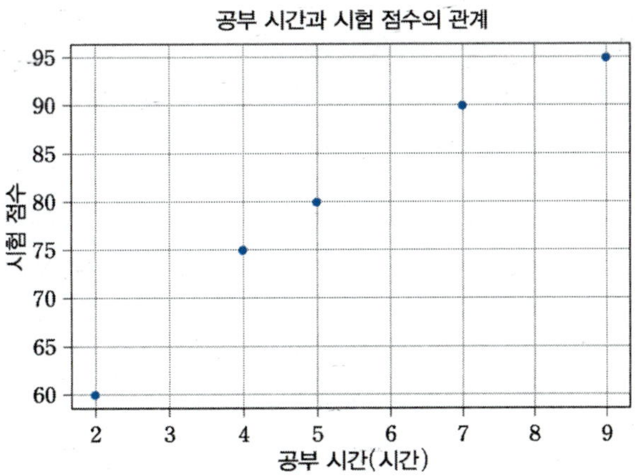

05 상관관계 히트맵 그리기 (Seaborn heatmap)

다음 데이터프레임에서 상관계수 행렬을 구하고, 히트맵으로 시각화한다.

```
import pandas as pd

df = pd.DataFrame({
    "국어": [90, 85, 80, 95, 88],
    "영어": [88, 82, 79, 91, 87],
    "수학": [92, 89, 84, 96, 90]
})
```

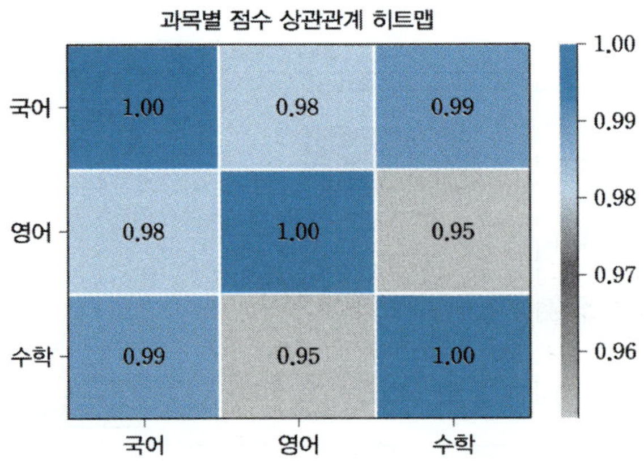

정답코드

01 요일별 기온 변화 선 그래프 그리기

```
import matplotlib.pyplot as plt
# 한글 폰트 설정
plt.rcParams['font.family'] = 'Malgun Gothic'
plt.rcParams['axes.unicode_minus'] = False


days = ["월", "화", "수", "목", "금"]
temps = [17, 19, 21, 20, 18]

plt.plot(days, temps, color="green", marker="o", linestyle="--", linewidth=2)
plt.title("요일별 기온 변화")
plt.xlabel("요일")
plt.ylabel("기온 (℃)")
plt.grid(True)
plt.show()
```

02 과목별 점수 막대 그래프

```
import matplotlib.pyplot as plt
# 한글 폰트 설정
plt.rcParams['font.family'] = 'Malgun Gothic'
plt.rcParams['axes.unicode_minus'] = False


subjects = ["국어", "수학", "영어", "과학"]
scores = [85, 90, 82, 88]

plt.bar(subjects, scores, color="skyblue")
plt.title("과목별 평균 점수")
plt.xlabel("과목")
plt.ylabel("점수")
plt.ylim(0, 100)
plt.show()
```

03 성별에 따른 키 분포 상자 그림 그리기 (Seaborn)

```
import pandas as pd
import seaborn as sns

data = pd.DataFrame({
    "이름": ["철수", "영희", "민수", "지영", "태호"],
    "성별": ["남자", "여자", "남자", "여자", "남자"],
    "키": [172, 160, 180, 158, 175]
})

sns.boxplot(x="성별", y="키", data=data, palette="pastel")
plt.title("성별에 따른 키 분포")
plt.show()
```

04 두 변수 간의 산점도 (scatterplot)

```
import matplotlib.pyplot as plt
# 한글 폰트 설정
plt.rcParams['font.family'] = 'Malgun Gothic'
plt.rcParams['axes.unicode_minus'] = False

study = [2, 4, 5, 7, 9]
score = [60, 75, 80, 90, 95]

plt.scatter(study, score, color="tomato")
plt.title("공부시간과 시험점수의 관계")
plt.xlabel("공부시간 (시간)")
plt.ylabel("시험점수")
plt.grid(True)
plt.show()
```

05 상관관계 히트맵 그리기 (Seaborn heatmap)

```
import pandas as pd
import seaborn as sns
import matplotlib.pyplot as plt

df = pd.DataFrame({
    "국어": [90, 85, 80, 95, 88],
    "영어": [88, 82, 79, 91, 87],
    "수학": [92, 89, 84, 96, 90]
})

corr_matrix = df.corr()

sns.heatmap(corr_matrix, annot=True, cmap="YlGnBu", fmt=".2f")
plt.title("과목별 점수 상관관계 히트맵")
plt.show()
```